長崎の遠い記憶

春徳寺のクスノキ
長崎市夫婦川町にある春徳寺門前に樹齢600年のクスノキがある。1567年、長崎氏の地所であったこの地で、医師にして宣教師のルイス・デ・アルメイダは、長崎ではじめての布教を行った。2年後には、ガスパル・ヴィレラ神父によって「小さいながらも非常に美しい」トードス・オス・サントス教会が建てられた。教会は1619年に破壊され、1643年同地には春徳寺が移築された。このクスノキは、そのような長崎の遠い歴史を記憶しているのである。（2019年10月7日撮影）

はじめに

長崎は西洋医学伝来の地である。幕末にオランダ海軍の医師として来日したポンペ・ファン・メールデルフォールトは、江戸幕府が長崎に開設した海軍伝習所内で西洋医学の講義を始めた。だが、それより300年前、16世紀の長崎にポルトガルで正式な外科医の免状を得た医師がいた。ルイス・デ・アルメイダという男である。彼はユダヤ教徒であったが、当時激しかったユダヤ教迫害から逃れるためかキリスト教徒に改宗し、イエズス会に入会した。彼は医師でありながら船に乗り、アジアでひと財産を築いた。そして貯えた全財産をイエズス会に寄進している。彼は1552年に日本へ来た。

アルメイダは府内(豊後)へ派遣され、その地で日本最初の病院や孤児院を建てた。当時の日本には捨て子が多かったから、牛を飼い、子供たちを牛乳で育てたのである。彼は日本へ来た最初の西洋医であり、最初の病院を経営し、最初の孤児院を建てた医師である。それだけではない。彼は1567年、長崎で最初の布教を行った人でもあった。

私はある日、アルメイダが長崎で活動を始めた場所へ行ってみた。桜馬場中学校の裏手、夫婦川町である。その場所には、長崎開港の2年前(1569年)に、トードス・オス・サントス（諸聖人の教会）という長崎で最初の教会が建った。禁教時代になると、同じ土地に春徳寺が建てられた。この場所へ来たことが、私が16世紀の長崎に興味を持つ最初のきっかけとなった。ちょうど「くんち」の日で、それほど遠くない諏訪神社から囃子《はやし》の音が聞こえてきた。春徳寺の門前には美しいクスノキが植わっていた。

幹をたわめ、石垣に根を張ったクスノキを見ていると、そこへお坊さんが通りかかった。「この木の樹齢はどれほどですか」そう尋ねると、お坊さんは「ある本に６００年と書いてありますよ」と教えてくれた。春徳寺のクスノキは長崎を６００年のあいだ見ていたのである。「歴史の証人」ということが頭に浮かんできたのはその時である。この木の見てきたものが長崎の歴史なのだ。私はそれを書いてみたいと思った。

本書の第一章は、大航海時代のヨーロッパが長崎に到達するまでの日欧の状況を、第二章には僻地だった長崎がキリシタンの町となり、世界の貿易港として発展する過程を、第三章には江戸幕府のキリシタン政策に翻弄され、否応なく分裂し閉塞していく長崎を描いている。読者はどの章から読み始めていただいても構わない。長崎の始まりの頃は、他の日本の都市のどこにもない歴史を有している。本書はその長崎の「物語」である。

２０２４年1月21日

増﨑　英明

長崎の遠い記憶

目次

第三章　長崎分裂（1614〜1639）

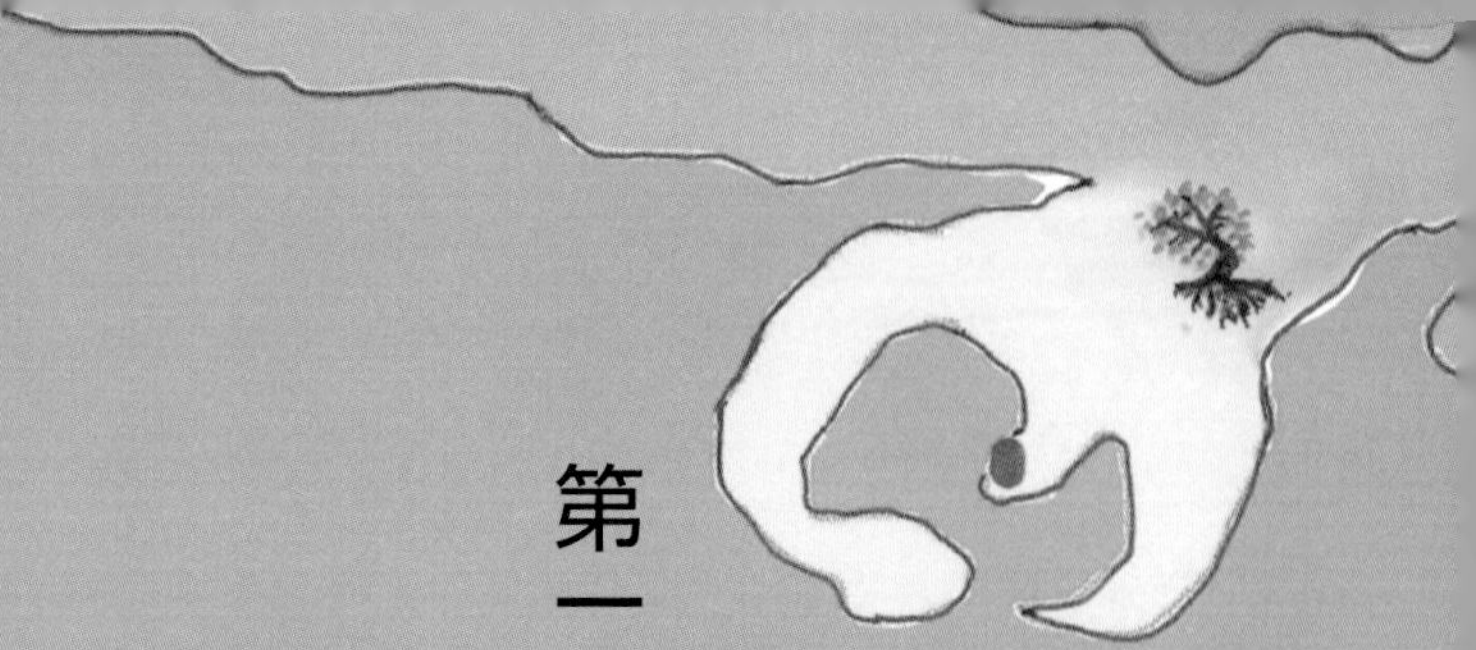

第一章　長崎開港（1549～1571）

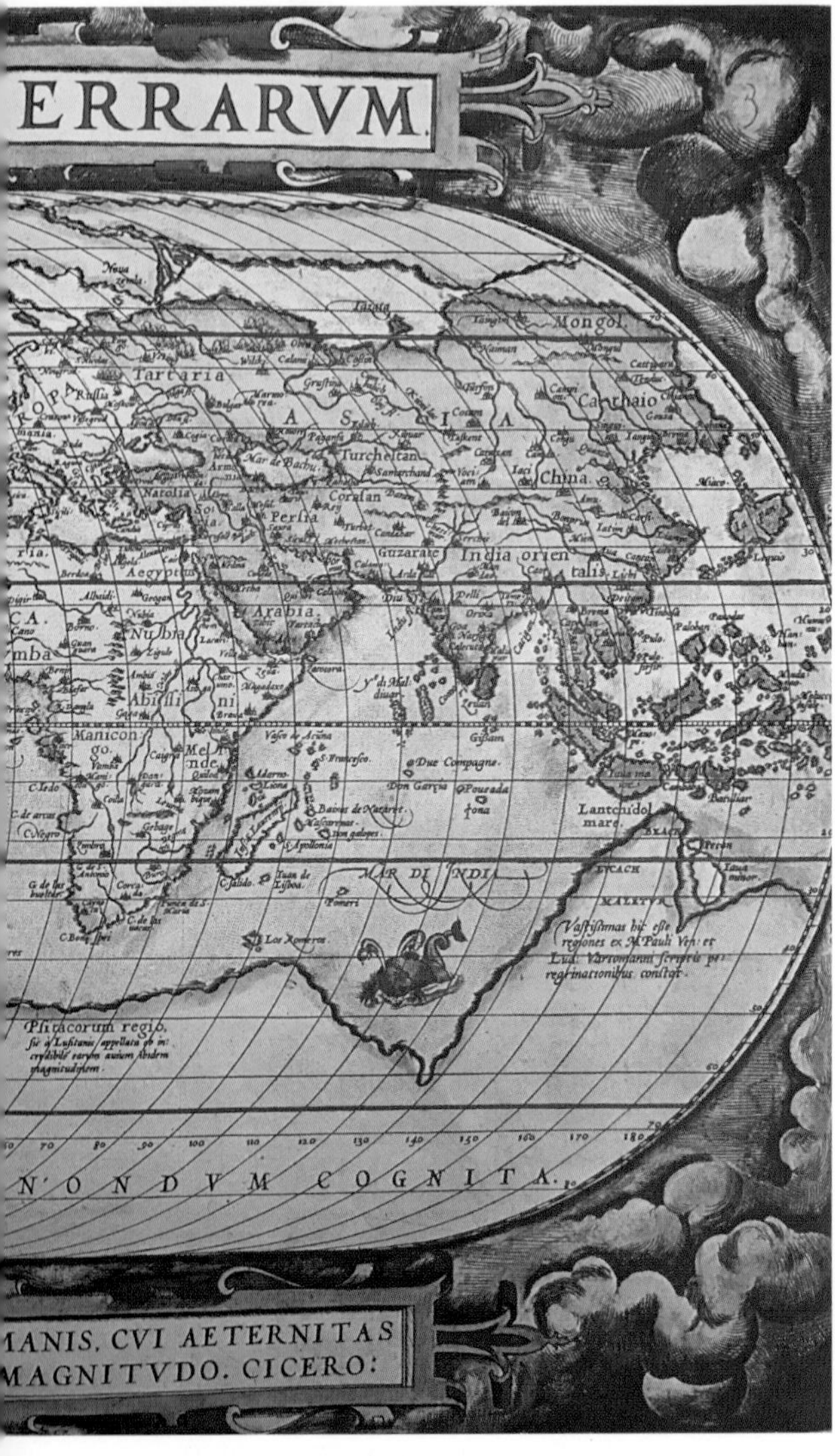
ERRARVM.
Tartaria
Mongol
Cathaio
Turcheſtan
China
Perſia
Arabia
India orientalis
Aegyptus
Nubia
Manicongo
Lantchidol mare
MAR DI INDIA
NONDVM COGNITA.
ANIS. CVI AETERNITAS
MAGNITVDO. CICERO:

1 発端

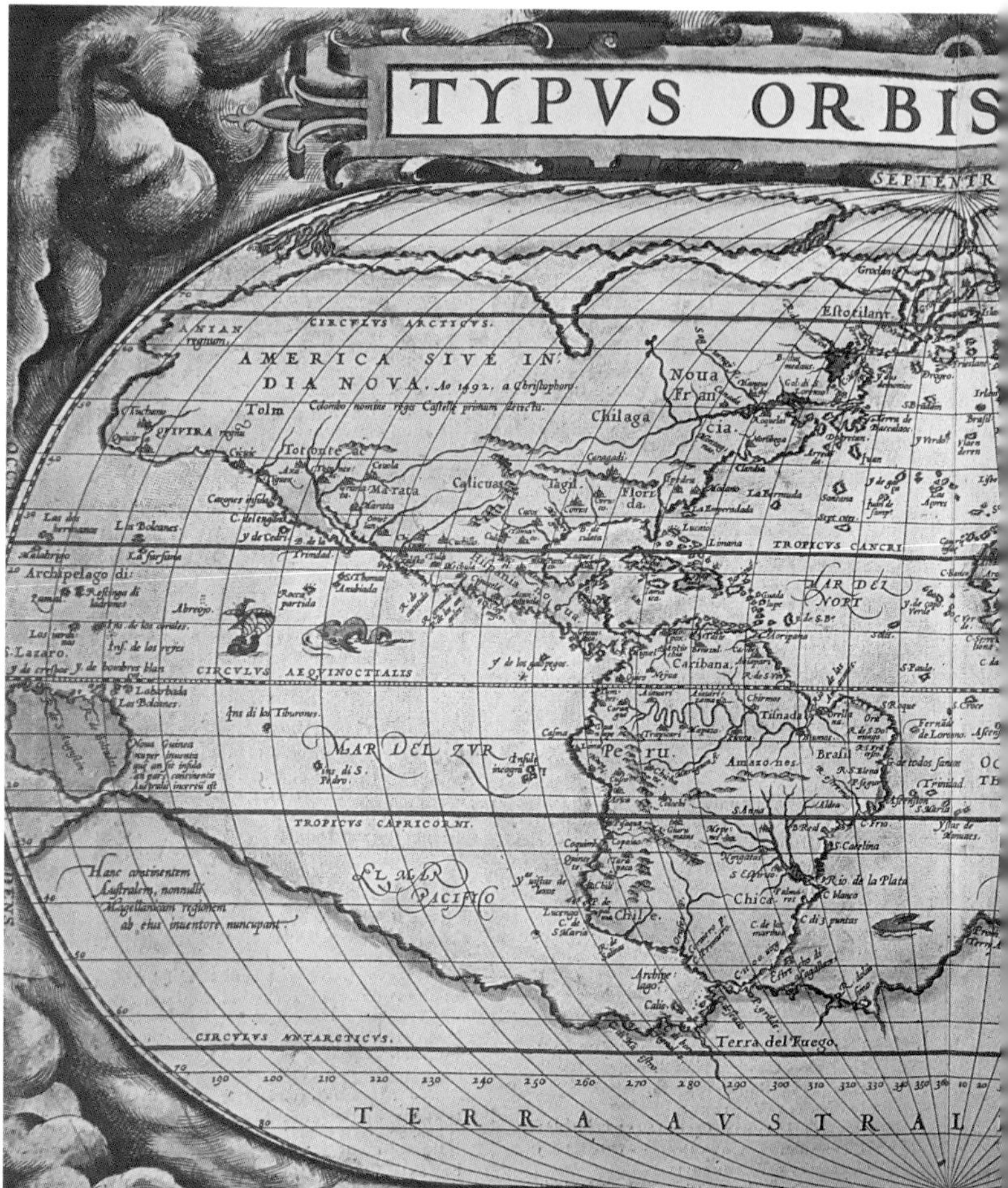

アブラハム・オルテリウス「世界の舞台Theatrum Orbis Terrarum」(文献1より引用)
1570年に出版された地図帳の1枚。長崎港をイエズス会宣教師たちが初めて調査したのと同じ年に出版されている。世界の中心はイベリア半島であり、日本は右端(Far East)に団子状に丸く描かれている。

本書は長崎の物語である。長崎は1570年にポルトガルによって見出され、キリシタンの町として膨張し、国際貿易都市として栄華を極め、70年ほどでいったん分裂・崩壊した。本書は、この70年間の長崎を第2章と第3章で、長崎が発見されるに至る経緯を第1章に記述する。世界の覇者はポルトガル・スペインであり、日本は信長・秀吉の時代である。日本に「鉄砲」と「キリスト教」が持ち込まれ、長崎はその中心で活躍した。長崎の歴史は、そのまま、同時代の世界史や日本史に連なっている。まさに輝かしい「長崎の時代」であった。

フランシスコ・ザビエル

16世紀後半、西洋は大航海時代であり、日本は戦国時代であった。その東西をつないだのはイエズス会であり、宣教師フランシスコ・ザビエルであった。

フランシスコ・ザビエルはスペインの城（ハビエル城）で生まれた貴族であった。名門パリ大学に留学し、そこで強烈な個性とカリスマ性を有するイグナチウス・ロヨラに出会った。ロヨラはイエズス会の創設者である。

当時、絶大な権力を有したローマ・カトリック教会は、新興のプロテスタントに圧迫され、その力を弱めていた。長く続いたカトリック界に、ゆるみや堕落や不正があったことも事実だろう。オランダ、イギリス、ドイツのように、カトリックから離れる国々があり信者は激減した。ロヨラは教会を本来の神聖な姿に戻し、カトリックを海外に広めるため、パリ大学の七人の同志で「イエズス会」という新しい修道会を作った。海外進出をはかっていたポルトガルはイエズス会の後ろ盾となり、アジアの拠点であるインドのゴアへザビエルを派遣した。

ザビエルはインド周辺で布教活動を行ううち、マレー半島のマラッカで日本人に出会う。ヤジロー（弥次郎）ないしアンジロー（Anjiro）という名前で、相当に聡明な人物であった。ザビエルはヤジローから聞いた日本人の性質に興味を持ち、日本での布教を決意する。まずヤジローにキリスト教とヨーロッパの言語を学ばせ、そして日本人最初のキリスト教徒となったヤジロー（洗礼名パウロ・デ・サンタ・フェ）を案内人として、ザビエルは総勢８人で日本へ向かった。彼らが鹿児島に上陸したのは１５４９年のことである。

ザビエルは鹿児島で布教活動をするうち、次のような日本人観を抱いたと述べている。「日本人は名誉心が強烈である。日本人は貧乏だが、貧乏を恥と思うものはなく、金銭より名誉を大切にしている」

翌年は平戸、さらに山口から京都、豊後へと布教に出かけた。しかしザビエルの目にとまらなかったのか、長崎には来ていないようである。その後のザビエルは中国での布教を計画するが、中国沿海の上川島（じょうせんとう）で病を得、道半ばにして死去した。

彼の志を引き継いだイエズス会は日本布教を40年以上にわたって独占し、全国の信徒は長崎が開港した１５７１年ころには2万人、１６００年ころは30万人、フランシスコ会など他の修道会参入後の1630年ころには76万人に達している。形のない宗教を異国の言葉で伝えることは至難であったに違いない。ザビエルが異郷の地で経験したであろう艱難辛苦を思うとき、彼の日本布教に込めた気持ちが少しは理解できるような気がするのである。

世界地図

不思議にさえ思えるが、長崎が開港した当時、西洋にはすでに世界地図が存在した。その中心はイベリア半島であり、大航海時代を先導したスペインとポルトガルがそこにある。スペインは大西洋を越えてアメリカ大陸へ、ポルトガルはアフリカ大陸を巡ってアジアへと触手をのばしていた。彼らは航海術を身につけ、広く世界を見聞した。だから自分たちが到達した範囲の土地については地図上に描くことができた。1570年の世界地図には、すでに“KAGOSIMA”の文字が見えている。“MIAKO”という文字も読める。西洋人は鹿児島と京都まで来ていたのである。だが日本は、まるで串に刺した芋虫か何かのような形状をしている。

そんな芋虫のような日本の片隅にあった長崎の港を、地図が作成されたのと同じ1570年にイエズス会の神父が調査した。この年から長崎は世界の一員に加わったのである。

大航海時代

この時代を理解するためには「西洋は東洋より優れていた」という考えは捨てたほうがよい。大航海時代の少し前まで、イベリア半島はイスラム国家に支配されていた。レコンキスタ（キリスト教国家によるイベリア半島の奪還718～1492）によって、やっと自分たちの国を取り戻したばかりである。

日本人には理解しがたいが、大航海の目的は香辛料であった。胡椒はヨーロッパ人にとっては薬であり、肉の防腐剤であり、彼らには死活問題であった。その香辛料はヨーロッパでは貴重品である。アジアで香辛料が取れることを知ってはいても、そこへの近道はオスマン帝国により閉ざされていた。スペインとポルトガルは大海原を越えて、インド方面へ向かう海上交通を開拓するほかなかった。

コロンブスは地球が丸いことを知っており、船で西を目指せば、やがてインドにたどり着くと考えていた。スペインはコロンブスに資金を投じたが、到達した地はアメリカ大陸であった。彼らはメキシコで銀を手に入れ、それをアジアでの貿易に使った。一方ポルトガルは、ヴァスコ・ダ・ガマが喜望峰をまわってインドへ到達し、大量の香辛料を持ち帰った。大航海時代のスペインは地球を西へ、ポルトガルは東へとめぐった。スペインはインカ帝国など先住者たちの国を占領した。一方、スペインほどの国土も人口もないポルトガルは、陸地の支配を放棄し、代わりに主要な港町を支配下におき、港と港を艦隊で結ぶことで「海上帝国」

を築き上げた。ポルトガルは、アフリカ東岸のモザンビーク（1508）、インド西岸のゴア（1510）、マレー半島のマラッカ（1511）、ペルシャ湾のホルムズ（1515）など、インド洋の主要な港をおさえたが、中国を目前にして足が止まった。

当時の明《ミン》は「海禁政策」をとっていた。日本の「鎖国」のようなものである。しばらくは押し問答であったが、1557年、ポルトガルはついにマカオへの居留を明に認めさせた。「海上帝国」は日本まであと一歩のところまで迫っていた。当時ポルトガル人が日本近海まで来ていたことは、鉄砲伝来のことを考えれば判然とする。

長崎の運命

西洋人が初めて日本へ来たのは1543年（または1542年）とされている。3人のポルトガル人が中国の海賊船で日本にやってきた。種子島に上陸し、日本人に鉄砲をみせたという。ポルトガル船が貿易を求めて平戸に入港したのは1550年のことである。前年から鹿児島にいたフランシスコ・ザビエルは、さっそく鹿児島から平戸に来ている。船員たちへの秘跡や本国からの通信を確認する必要があったらしい。だが、ポルトガル人が平戸へ来た理由は何だろう？　日本には特別な香辛料はない。のちにはクスノキから作る樟脳が取引されるが、この時は銀がお目当てではないだろうか。当時、マルコポーロ『東方見聞録』はヨーロッパで広く読まれていた。スペインがメキシコ銀を大量に手に入れたように、ポルトガルもまた日本の銀を狙っていたことが想像される。あるいは日本の港を「海上帝国」に組み入れようとしたのかも知れない。平戸や長崎はその候補地であっただろう。ではなぜ、日本は彼らの侵入を許さなかったのか。

当時の日本は戦国時代である。おのずから戦闘能力が強化されていた。種子島に伝来した鉄砲はすぐに模倣され、国友村で大量生産された。のちには大砲も作られている。日本は、アフリカやインド洋の国々とは違って、ポルトガルやスペインに敗けないだけの戦闘能力を有していた。それでも歴史を振り返ると、ポルトガルは長崎を自分たちの港にしようとしたことが疑われる。長崎は１５８０年にイエズス会に寄進された。町には日本最大の教会が築かれた。長崎は三重の堀に囲まれ、キリスト教徒にあふれ、ポルトガル人は長崎の町を自由に闊歩していたのである。

豊臣秀吉は九州征伐に際し、イエズス会が長崎を知行していることを知り、それを取り上げて公領にした。バテレン追放令を発し、やがて日本26聖人殉教事件を起こした。徳川家康は長崎の教会をすべて破壊し、キリスト教徒を一掃し、ついには日本と世界とのつながりを制限した。ヨーロッパに対する強い危機感を抱いたからに違いない。

長崎はポルトガル艦隊の攻撃を受けなかった。それは第一に極東の日本は遠すぎたからであろう。１００万人ほどしかなかったポルトガルの人口と国力では兵站線がのびきり、兵士も食料も不足するに違いない。外山幹夫氏によれば、開港したころの長崎に来航したポルト

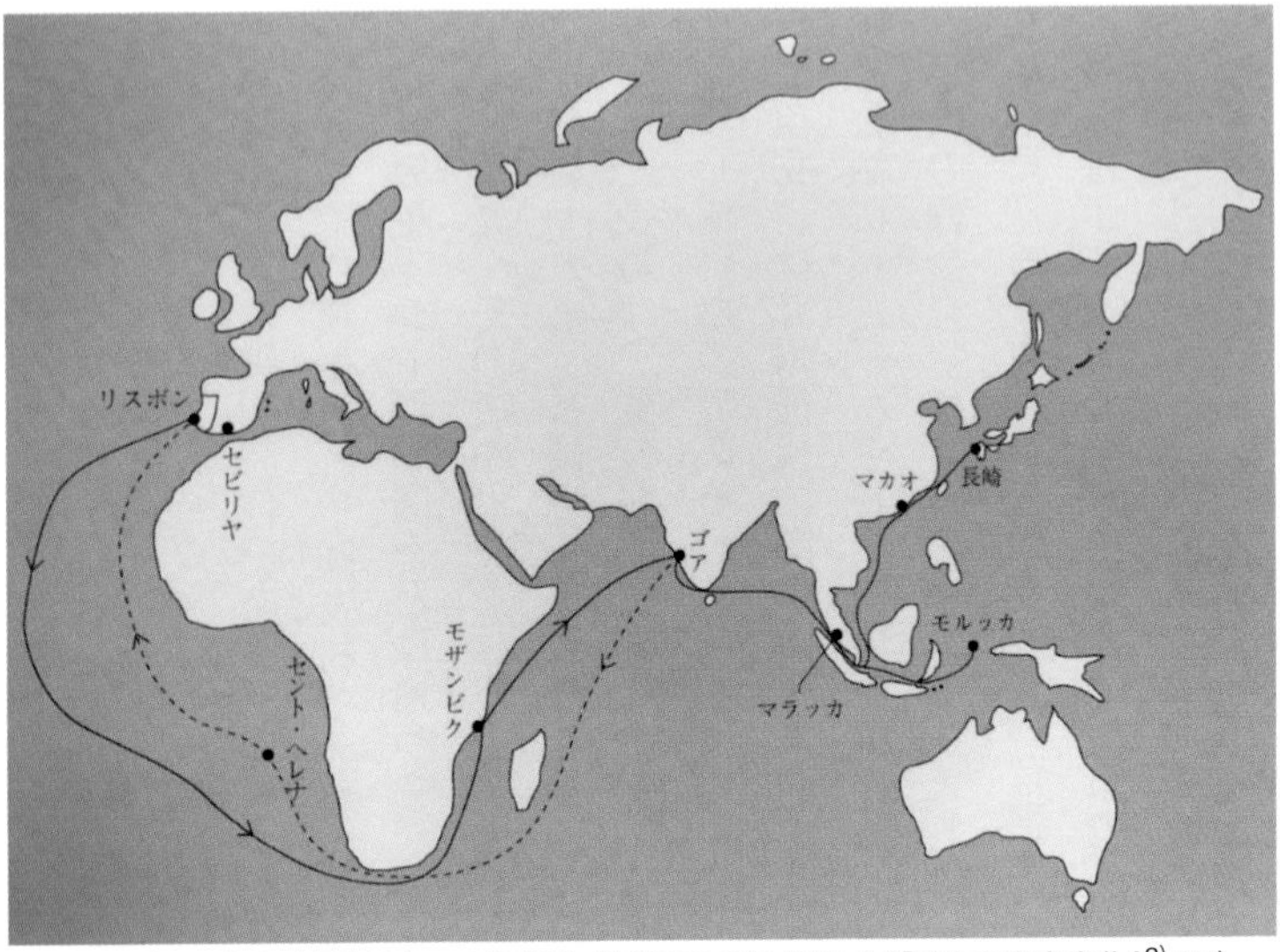

ポルトガルの海上帝国と日本への往復路。片道に2、3年を要した(『日本の南蛮文化』[2]より)

ガル船は500トンほどで、およそ100人の船員と250人の兵士を乗せていた。[4] それも毎年1隻にすぎない。[4] 長崎を海上帝国に組み込むという計画は、あったかも知れないが、実現は不可能であっただろう。

参考書

1　オルテリウス『世界地図帳』臨川書店 1991
2　東光博英(松田毅一監修)『日本の南蛮文化』淡交社 1993
3　羽田正『東インド会社とアジアの海』講談社 2007
4　外山幹夫『長崎史の実像』長崎文献社 2013
5　松田毅一『南蛮のバテレン』NHKブックス 1970

2　大航海

ポルトガル

　今の日本で「ポルトガル」と聞いて何を思い浮かべるだろうか。私は、ポルトワインと音楽（ファド）くらいしか思いつけない。イギリスに留学したとき、ポルトガルから来た女性がいた。ある日、彼女に出身地を聞くと「ポルチュギール」と言った。思わず聞き返したほど、聞き覚えのない言葉だった。彼女はニヤリと笑うと、ゆっくりと、もう一度同じ言葉を言った。それで、彼女がポルトガル出身だと知った。日本に帰ってからも、ポルトガル人に出会う機会はなかった。ある日、ふと思いついて、長崎日本ポルトガル協会に電話した。長崎県に住んでいるポルトガル人の数を尋ねると、佐世保市にひとりだけいるという回答だった。私はすぐに会いに行った。米軍基地で働いている男性で、奥様は日本人であった。髪も虹彩も黒く、身長も高くなかった。それでもすぐに外国人だと分かったのは、鼻の高さと形からだろう。「スペイン人とポルトガル人は区別できますか」と尋ねると、彼は「よく似ているが、ポルトガル人はおとなしい」と答えた。

　南蛮屏風を見ると、日本人と丁々発止と渡り合ったポルトガル人が描かれている。その昔、

狩野内膳筆『南蛮屏風』リスボン国立古美術館蔵、部分
ポルトガルを出航する南蛮船（黒船）を描いている。

ポルトガル船（ナウ）の模型（出島史料館）
軍船を兼ねたポルトガル商船は500～1,000トンほどで、数百人の船員と兵士、数名の宣教師を乗せていた。船体には黒い防腐剤が塗られており、日本では「黒船」とよばれた。参考までに、長崎と五島をつなぐフェリーが1,000トン級である。（2020年、出島史料館で撮影）

日本に一番乗りした西洋人はポルトガル人である。当時、日本人が初めて見た西洋人はどう見えただろう、そして彼らが初めて見た日本人はどんな人々に見えたことだろうか。

日本に来たポルトガル人は、地球の裏側（Far East）にも、自分に似た人が住んでいることを知った。その人たちは、髪や目の色は自分たちに似ており、肌は黄色で背が低く、好奇心旺盛な人たちであった。彼らと違って牛肉を食べず、彼らがデウスだけを神と信じているのと違って、八百万《やおよろず》もの神がいると信じていた。天体のことを知らず、神の国を知らなかった。どんなことにも興味を示したが、とくに天体や気候のことに質問が集中した。彼らの好奇心は果てがなく、質問は無尽蔵であった。だが納得さえすれば、地球が丸いことも、地球が天空に浮かんでいることも受け入れた。キリスト教についても同じである。質問はするが、納得すれば受け入れた。それが日本人だった。

15～16世紀のポルトガル・スペインはイスラム勢力からの領土回復（レコンキスタ）を終え、心身ともに新しい世界を求めていた。再生の時代（ルネサンス）であり、宗教改革の時代であり、大航海時代であった。その勢いは世界の裏側にある日本にまで届いた。彼らは大航海のために、いったいどれほどの体力と資金と時間と勇気を必要としたのだろう。ザビエルと天正遣欧少年使節の場合を例として、ポルトガルから日本、日本からポルトガルまでの道程について考えてみたい。

1　フランシスコ・ザビエルの場合

ポルトガルから日本へ来た人で、その行程に関する記録が残る最初の人はフランシスコ・ザビエルであろう。ザビエルがリスボンを出発したのは１５４１年４月７日、奇しくもザビエル35歳の誕生日であった。マゼランの世界一周から19年後のことである。彼はインドでの宣教を目的に、ポルトガル艦隊の一隻「サンチャゴ号」に乗り込んだ。インドへ向かったザビエルら一行は、１５４１年８月にアフリカの喜望峰を回りモザンビークに到着した。16世紀初頭からポルトガルが植民を始めていた土地である。ここで秋と冬を過ごし、１５４２年2月に出航して5月6日インドのゴアに到着した。リスボンからゴアまで1年1カ月を要している。

インドにおけるザビエルは各地で宣教を行った。１５４５年9月にマラッカ、さらに１５４６年1月にはモルッカ諸島に赴き宣教活動を続けた。そしてマラッカに戻った１５４７年12月、ひとりの日本人との運命的な出会いがあった。それが鹿児島出身のヤジロー（弥次郎）である。ザビエルは日本布教を決心する。

メンバーは、ザビエル、コスメ・デ・トルレス師、ジョアン・フェルナンデス修道士、パウロ・デ・サンタ・フェ（ヤジロー）、その兄弟ジョアン、および日本人召使い（アントニオ）、それと二名の従僕（アマドールとマノエル）の総計8人である。彼らは１５４９年４月15日ゴアを出発した。当時はインド以東への定期航路はなく、ゴアからは海賊船に乗った。そうして

1549年8月15日、ついに現在の鹿児島市祇園之洲町に到着した。ゴアから日本まで4カ月であり、合計すると、ポルトガルから日本まで1年5カ月を要している。ただしザビエルはゴアで7年を過ごしている。つまり船に乗っていた時間を合算しただけなので、風待ちの期間などを考慮すると、より長い時間を要したと思われる。

2 天正遣欧少年使節の場合

次にザビエルから33年後に長崎から西へ向かい、ヨーロッパの国々で熱烈歓迎を受けた4人の少年たちについて見てみよう。1582年2月20日長崎を出港。3月9日マカオ着。風を待つ（10カ月）。この間、6月21日には本能寺の変で織田信長は自害した。1583年12月20日マラッカ・コチンをへてゴア着。12月末ゴア発。1584年8月10日ポルトガルの首都リスボンに到着。長崎からリスボンまで3年半を要している。彼らは各地で歓迎セレモニーを受けており、上陸地での滞在期間が長かった。では帰路はどうだろうか。

1586年4月13日リスボンを出発して帰路につく。1587年5月29日インドのゴアに到着。リスボンからゴアまで1年1カ月。この年の7月に日本では豊臣秀吉によってバテレン追放令が出ている。1588年4月ゴアを出発、7月マカオ着（13カ月滞在）。1590年7月21日、使節団は長崎に帰港した。ゴアから長崎までは2年3カ月であり、リスボンから長崎までを合算すると3年4カ月になる。

少年使節はザビエルに比べると、航海に要した時間がかなり長い。その理由のひとつは、マカオがポルトガルの居留地になるのは1557年であり、ザビエルらはマカオを経由していないことが挙げられる。さらに少年使節は途中の歓迎訪問が多かったことも考慮する必要があるだろう。日本帰国時は秀吉のバテレン追放令が出ており、マカオで一年を過ごしたことも大きかった。

諸書には、おおよそ日本からポルトガル（ポルトガルから日本）まで2、3年を要したとある。上陸地点での休息や風待ちの期間がさまざまなので一概には言えないが、リスボンから長崎、長崎からリスボン、いずれも海上で過ごす時間としては1年から1年半くらいだったと考えていいのではないだろうか。

危険だらけの航海

大航海時代の船は帆船である。当時の船は自己の動力を有しないからまさに「風まかせ」の旅であった。インド洋では、夏は北向き冬には南向きの季節風が吹く。だから春から夏のあいだに喜望峰を回り、インドから東アジアへ向けて航行した。日本を出発するのは秋から冬で、風の向きが合わなければ風待ちが必要であった。さらに悲惨なのは無風状態のときで、飢えや病気に悩まされる状況であったという。また長い時間を海上で過ごし新鮮な野菜を摂取しないことから、ビタミンC不足による壊血病が大量発生した。ヴァスコ・ダ・ガマの航

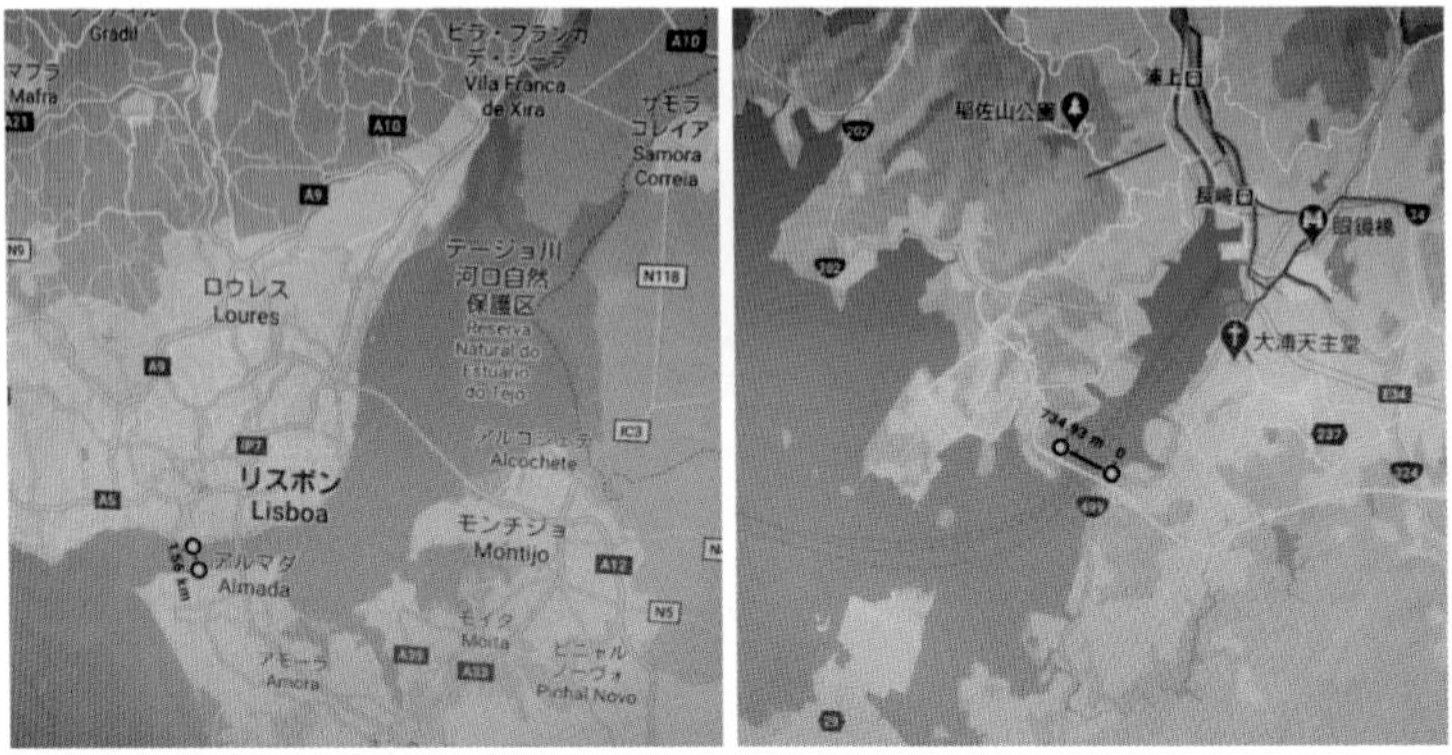

リスボンと長崎の港

1571～1590年にかけて、およそ年に1隻のポルトガル船が長崎の港にやってきた（外山）。リスボンと長崎はいずれも丘に囲まれた内海で湾口が狭く、縮尺は違っているものの、全体としては似た姿をしている。

海では、149人で出航し、帰り着いたのは55人であった。船員の半数ほどが壊血病で死亡したとされている。少年使節は途中で何度も上陸しながらの航海だったので、壊血病に侵されずに済んだのかも知れない。いずれにしても大航海時代の船員たちは、さまざまな危険と一攫千金を秤にかけながら、リスボンから長崎までを命がけで航行したのである。

なお同時代に3年をかけて世界周航を成し遂げたマゼランは、270人でスペインを出航したが、マゼラン自身を含めた多くの船員が死去し、帰国できたのは18人に過ぎなかった。これらのエピソードは、当時の長期航海がいかに危険なものであったか、その一端を教えてくれている。

参考書

1　東光博英（松田毅一監修）『日本の南蛮文化』淡交社 1993
2　宮崎正勝『ザビエルの海』原書房 2007
3　松田毅一『天正遣欧使節』朝文社 1991
4　松田毅一『南蛮のバテレン』ＮＨＫブックス 1970
5　若桑みどり『クアトロ・ラガッツィ』集英社文庫 2008
6　羽田正『東インド会社とアジアの海』講談社 2007
7　外山幹夫『長崎史の実像』長崎文献社 2013

西洋人の見た日本人
伊東マンショ16歳頃の肖像画。1585年、天正遣欧少年使節がヴェネツィアを訪れた際に描かれた。顔つきが日本人のようでもあり西洋人のようでもある。2014年にミラノで発見された。(2016年、東京国立博物館の特別公開展で撮影)

3　信長の野望、秀吉の妄想

地球は青かった

１９０２年にフランスのジョルジュ・メリエス監督が製作した「月世界旅行」という映画がある。わずか16分のサイレント映画で、最近になってカラー映像が見つかった。大砲の砲弾に人が入って月まで打ち上げるという荒唐無稽な内容だが、学者たちが「月から昇る地球」を見る場面がある。のちに宇宙飛行士たちが「地球の出」と名付けた現象である。私たちは、宇宙から見た地球が青いことを知っている。最初にそのことを教えてくれたのはソビエトの宇宙飛行士ユーリイ・ガガーリンである。

彼は１９６１年に人類初めての有人宇宙飛行で、宇宙から見た地球を次のように表現した。「地球は青かった」。それ以来、私たちは地球を外から見ると青いことを知った。今では地球が海の色を反射して青く見えることは常識である。だがガガーリンが告げるまで、人は地球が青いとは思ってもいなかった。そのことが映画「月世界旅行」から分かる。メリエスの地球は黄色である。この「地球の色」の話は、常識というものがどのように形成されるのか、という問いへのひとつの答えである。私はメリエスを貶《おとし》めているのではない。月の表面から

地球の出（ジョルジュ・メリエス『月世界旅行』より引用）
この写真は、ジョルジュ・メリエス監督が1902年に制作したサイレント映画『月世界旅行』の一場面である。月から見た地球の姿は、地球から見上げる「月の出」をもじって「地球の出」とよばれている。「青く輝く美しい地球」のイメージは、今では常識であろう。だが人が宇宙へ出かける以前は、そのような青い地球のイメージはなかった。写真はそのことを教えてくれている。

「地球の出」が見られることを、メリエスが映像として見せてくれたことは、彼の卓越した想像力を示している。私はその映像に心からの賛辞を贈る。そんな想像力にあふれたメリエスであっても「地球が青い」とは思えなかった。一方、いったん地球の青いことが常識になると、地球が月と同じ色だといった考えは、この世から微塵となって消えていくのである。

信長の野望

さて西洋が大航海時代だったころ、日本は戦国時代だった。武田信玄や上杉謙信などの強力なライバルを払いのけ、日本統一の一歩手前までたどり着いたのは織田信長である。信長のいったい何が、他の武将と違っていたのであろう。私が思うのは、信玄、謙信、そして信長の頭の中にあった「世界」のすがたである。現実の「世界」はひとつであっても、頭の中の「世界」は人ごとに違っている。

戦国時代の日本人には、日本と中国と天竺《てんじく》（インド）までが世界であった。その向こう側に別の広大な世界があり、髪や目の色の違う人がいる。地球は丸く、海の向こうには、すでに世界を一回りした人がいる。戦国大名の中で、最初に「日本は世界の孤島にすぎない」ことを意識していたのが織田信長だった、と私は思うのである。1571年、長崎がポルトガルに開港した年の信長は、尾張から足利将軍をともなって上洛し、まさに延暦寺を焼き討ちにしていた。石山本願寺など仏教門徒と激しく対立していた信長は、仏教とまったく異なる原理からなるキリスト教を保護し、宣教師たちの話に耳を傾け、京都に南蛮寺を建てさせた。本人がキリシタンになるためではない。信長に仏教徒やキリシタンになろうという思いはさらさらなかった。彼は、世界の情勢を聞くためにキリシタンを近づけた。信玄や謙信が日本を見ていたころ、信長の視野はすでにヨーロッパを含んだ世界に及んでいた。信長は優れた理解力と強烈な好奇心を有する一方、彼には止めどない自意識と自負心があった。神を外の世界に置くのではなく、信長自身が神（唯一神）になることを考えていた。「信長は不死の存在（すなわち神）として祭られることを望んだ」と宣教師フロイスは『日本史』に書いている。

長崎港から天正遣欧少年使節がローマへ向けて出帆した1582年、「信長の野望」はひとりの部下の裏切り（本能寺の変）によって終わりを告げた。

秀吉の妄想

豊臣秀吉もまた世界へ向けて視野を広げていた。日本の支配者となった当初はイエズス会との交わりも信長から継承していた。では秀吉は信長と何が違ったのか。信長は外国と直接に対峙することはなかった。外国が想像の産物であった信長に比べ、バトンを受け取った秀吉は世界とみずから対峙しなければならなかった。1587年に九州を平定した秀吉は、長崎が1580年以来イエズス会に寄進されていたことを知った。わずかな土地とは言え、日本の一部が外国のものとされていた。秀吉は長崎をイエズス会から取り上げると、バテレン追放令を発してキリスト教を圧迫した。信長が示していたイエズス会に対する好意的態度から180度の変貌である。

九州に来た秀吉は、本土とは明らかに異なるキリシタンの急増やキリシタン大名の隆盛に対して、何やら不穏なものを感じたのであろう。たとえば後の島原・天草の乱のようなキリシタンの反乱、あるいはインカやアステカのような領土の簒奪を思い浮かべたのかも知れない。だからキリスト教には圧迫を加えたが、一方で南蛮貿易については何としても継続したかった。この時点におけるバテレン追放令が十全に機能しなかった原因は、ひとえに秀吉の不徹底な対応にあった。追放令にもかかわらずイエズス会の神父たちの多くは日本にとどまり、目立たぬよう水面下での布教を続けた。本物の弾圧は10年後の「日本26聖人殉教事件」からであり、その火種はスペイン系の托鉢修道会にあった。具体的にはフランシスコ会の来日とサン・フェリペ号事件である。

日本26聖人殉教事件

1592年、秀吉は朝鮮出兵を始める。同じころ長崎商人の原田喜右衛門《はらだきえもん》の進言で、スペインの支配下にあったフィリピン総督に使節を送った。フィリピンは防備が薄いので簡単に占領できる、と原田は秀吉をそそのかしたらしい。驚いたフィリピンは時間稼ぎのための使者を秀吉に送るが、そこにスペイン系修道会であるフランシスコ会の宣教師たちが含まれていた。この件は、イエズス会の独占であった日本布教にスペイン系修道会が参入する契機となった。

イエズス会とフランシスコ会はいずれもカトリック修道会であり、教皇庁の認可を受け、修道会ごとに使命をもって行動する。いずれも決まった国に所属するわけではなく、たとえばイエズス会には、ポルトガル人（カブラル、コエリョ）、スペイン人（ザビエル、トルレス）、イタリア人（ヴァリニャーノ、オルガンチーノ）などが混在した。フランシスコ会も同様だが、イエズス会が主にポルトガル国王に支えられていたのに対し、フランシスコ会はスペインの庇護下にあった。

ザビエルの布教以来、日本布教はイエズス会が独占した。だが１５８０年、スペイン王がポルトガル王位をも継承し、スペインは実質的にポルトガルを併合した。このような本国の状況を反映して、日本においてもスペイン系修道会（フランシスコ会、ドミニコ会、アウグスチノ会）が勢いを得た。バテレン追放令以来ひそかな布教を心掛けたイエズス会と違い、フランシスコ会の活動には遠慮がなかった。彼らが来日した時は、すでに秀吉によるバテレン追放令が出ていたが、京都などで広く布教活動を行ったため秀吉の逆鱗《げきりん》に触れた。彼らは捕縛され、長崎で処刑された。それが１５９７年の日本26聖人殉教事件である。

秀吉がキリシタンに不信感を抱いたもうひとつの出来事は、サン・フェリペ号事件である。１５９６年スペインの巨船フェリペ号が土佐に漂着した。その際、「スペイン王国はまず宣教師を送り込み、そのあと軍隊を送り込む」と告げた船員があった。キリシタンに対する秀吉の疑いは深まり、再度、バテレン追放令を出すとともに、日本26聖人殉教事件を起こした。殉教者の多くはフランシスコ会であった。秀吉は事件の翌年に没した。

秀吉の晩年、諸外国との摩擦が増大する一方、諦めかけていた実子・秀頼が誕生した。秀吉の目が朝鮮や明のみならず、フィリピンやインドの征服にまで向けられたことはいかにも無理がある。秀頼への執着がなさしめた秀吉の妄想としておこう。

最後にNHK大河ドラマに触れておく。信長を主役とした1992年の『信長 KING OF ZIPANGU』は、イエズス会宣教師ルイス・フロイスの視点から信長の人生が描かれていた。天正遣欧少年使節を発案したヴァリニャーノ役を長崎の歴史家ブライアン・バークガフニ氏が演じていた。1978年の『黄金の日日』は、脚本を長崎出身の市川森一氏が書いたし、長崎商人の原田喜右衛門を唐十郎氏が演じた。二つの番組は、いずれも重要な舞台として安土桃山時代の長崎が登場する。機会があればぜひ御覧いただきたい。

参考書

1　ジョルジュ・メリエス『月世界旅行』紀伊國屋書店 2012
2　ルイス・フロイス（松田毅一・川崎桃太訳）『日本史』中央公論社 1978
3　ルイス・フロイス（結城了悟訳）『日本二十六聖人殉教記』聖母文庫 1997

4　アビラ・ヒロン（佐久間正ほか訳）『日本王国記』岩波書店 1973
5　永見徳太郎『南蛮屏風大成』巧芸社 1930

見つけた。解説には永見の所蔵とある。永見は、芥川龍之介など文人をもてなしたことで知られる長崎の素封家であった。この著名な扇面図は1931年までは長崎にあったのである。その後もさまざまな人の手に渡り、現在は、神戸市立博物館が所蔵する。万物流転を思った次第である。

京都の南蛮寺（狩野宗秀筆）神戸市立博物館蔵
信長の保護のもと、イエズス会が京都布教の拠点として建立した3階建ての聖堂を描いた扇面で、筆者は狩野永徳の弟である。ある日、長崎大学附属図書館にあった永見徳太郎『南蛮屏風大成』のなかに白黒で印刷されたこの扇面図を

4　九州三国志

元亀元年（1570年）頃の戦国大名版図

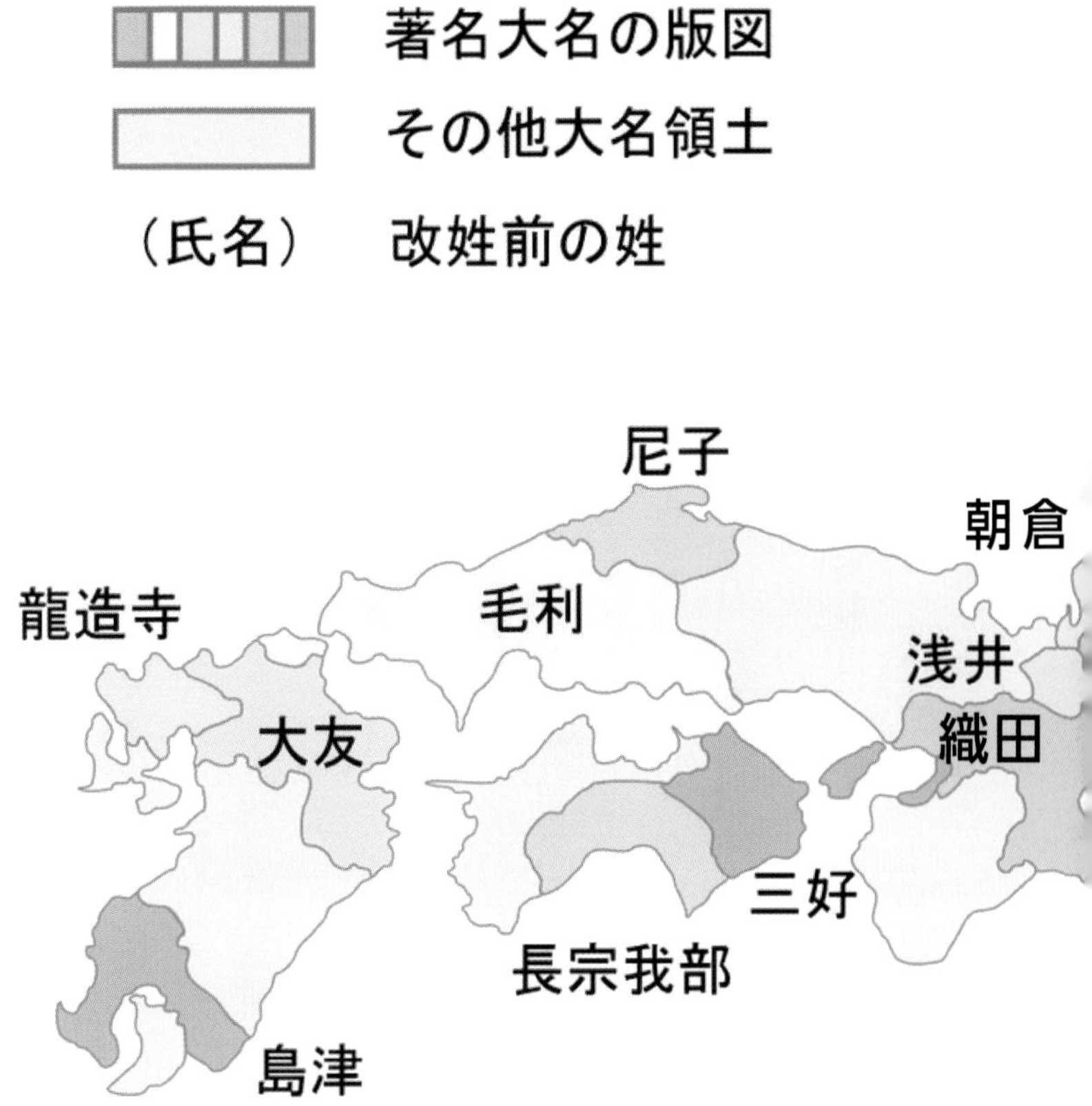

1570年ころ、織田信長は岐阜から近畿地方へ進出したが、周囲の戦国大名は健在であり、予断を許さない状況にあった。一方、九州は大友氏、龍造寺氏および島津氏によってほぼ三分され、中央から独立して覇権争いに明け暮れていた。ウィキペディア（Wikipedia）より引用。

長崎の位置

長崎湾がポルトガル人によって調査された1570年ごろ、畿内では織田信長が将軍足利義昭を擁して上洛を果たし、キリシタンを保護する一方で仏教勢力と戦っていた。信長の周囲には、武田、浅井・朝倉、本願寺などいまだ敵は多いが、京都を抑えてからは、天皇と将軍を味方につけ、着々と日本統一へ向かっていた。そして九州では、島津と大友と龍造寺が三つ巴の死闘をくり広げていた。

大友と島津はれっきとした守護大名であり、龍造寺は守護大名の少弐から肥前方面を簒奪した下剋上の覇者である。大友宗麟は豊後を治め、キリシタンを保護して南蛮貿易を促進した。だが彼自身は仏教徒(宗麟は法名)であり、キリスト教徒になったのは晩年のことである。大友は中国の大内を親族とし、博多を貿易港として有する九州最大の強国であった。しかし1578年に薩摩軍との戦い(耳川の戦い)で大敗を喫し勢力は失墜した。それを契機に九州南部で島津が強大化すると、北部では龍造寺が勢力を拡大し、弱小大名を取り込んで、弱った大友を攻めた。大友が龍造寺によって蚕食され三強から脱落すると、そのあとは島津と龍造寺が九州を南北で二分した。

長崎を含む肥前地方は、否応なく龍造寺の支配下にあった。キリシタン大名の有馬晴信が離反すると、龍造寺は有馬の領地である島原へ攻め寄せた。有馬は島津に救援を求めた。1582年、有馬・島津連合軍は島原半島で龍造寺軍と激突した(沖田畷の戦い)。龍造寺隆信と有馬晴信・島津家久との合戦である。龍造寺軍の兵力は6万人（ルイス・フロイスの書簡では2万5千人）、一方の連合軍は合わせて1万人に満たなかったという。この戦いは九州版「桶狭間の戦い」である。大群で押しよせる龍造寺軍に対し劣勢の有馬・島津連合軍は奇襲作戦を敢行し、どさくさの中で龍造寺隆信の首を打ち取った。島津軍はそのまま肥前に居座り、周辺を自領とし、いずれは九州統一という勢いであった。この時期、島津軍は長崎にも駐留した。薩摩は仏教徒の国である。イエズス会布教長コエリョは秀吉に謁見し、島津の脅威にさらされている長崎を秀吉の保護の下《もと》に置くことを願った。同じ年には、すでに隠居していた大友宗麟もまた老体にむち打って大阪の秀吉に会い救援を請うた。有馬も同様に豊臣秀吉に救援を求めた。

日本統一を目指していた秀吉にとっては好都合である。秀吉は九州に攻めこみ、島津軍は果敢に戦ったものの１５８７年に降伏した。秀吉は九州統一を果たし、打ち続く戦乱で荒廃した博多の再建を命じた。秀吉の征服欲はすでに日本の外へと向けられていた。

おそらく日本国内だけの戦闘なら、秀吉は日本統一で満足しただろうし、長崎が目立った存在になることもなかったかも知れない。秀吉が全国を統一した武力と勢いを朝鮮やフィリピンやインドにまで向けることもなかっただろう。だがザビエル以来、多くの宣教師や南蛮商人が日本へ来た。長崎は１５８０年、領主である大村純忠からイエズス会に寄進され、特別な土地になっていた。日本の中で唯一、外国の組織であるイエズス会が治める土地である。

イエズス会の保護者はポルトガルである。つまり長崎は日本の中にありながら日本ではない、日本中でただひとつの場所であった。日本統一を果たした秀吉はその状況を見てどう感じただろうか。彼は箱崎（博多）から命じて、バテレン追放令を発した。そしてイエズス会に寄進されていた長崎と茂木と浦上を召し上げ、それらを公領としたのである。

肥前の小領主たち

長崎開港の頃についていては、いずれ詳しく語るとして、ここでは長崎を含む肥前の状況について簡単に触れておく。大村氏は藤原純友の子孫とされ、古くは肥前国のうち、藤津郡、彼杵郡、高来郡を領有した。のちに高来郡は大村氏から分かれた有馬氏が領した。大村純忠は有馬氏に生まれたが、養子として大村氏を継いだ。ところが大村氏には実子があり、武雄の後藤氏に養子として出された。それが後藤貴明であり、純忠を何度も悩ませることになる。後藤貴明は平戸の松浦《まつら》氏の息子を養子とした。松浦は西郷や深堀と近縁である。一方の純忠は諫早を領有する西郷の妹を妻としており、深堀と西郷はじつの兄弟なので、彼らと純忠とは義兄弟である。つまり肥前の小領主たちは互いに血縁で結ばれていた。大村純忠と有馬の当主（義貞）はじつの兄弟である。しかしキリシタンになる前の有馬氏は、じつの弟である大村純忠を近隣の諸侯と共謀してしばしば攻撃した。日本で最初のキリシタン大名である大村純忠は、仏教徒である周辺領主からの徹底した反発にさらされていた。大村氏は北に松浦（平

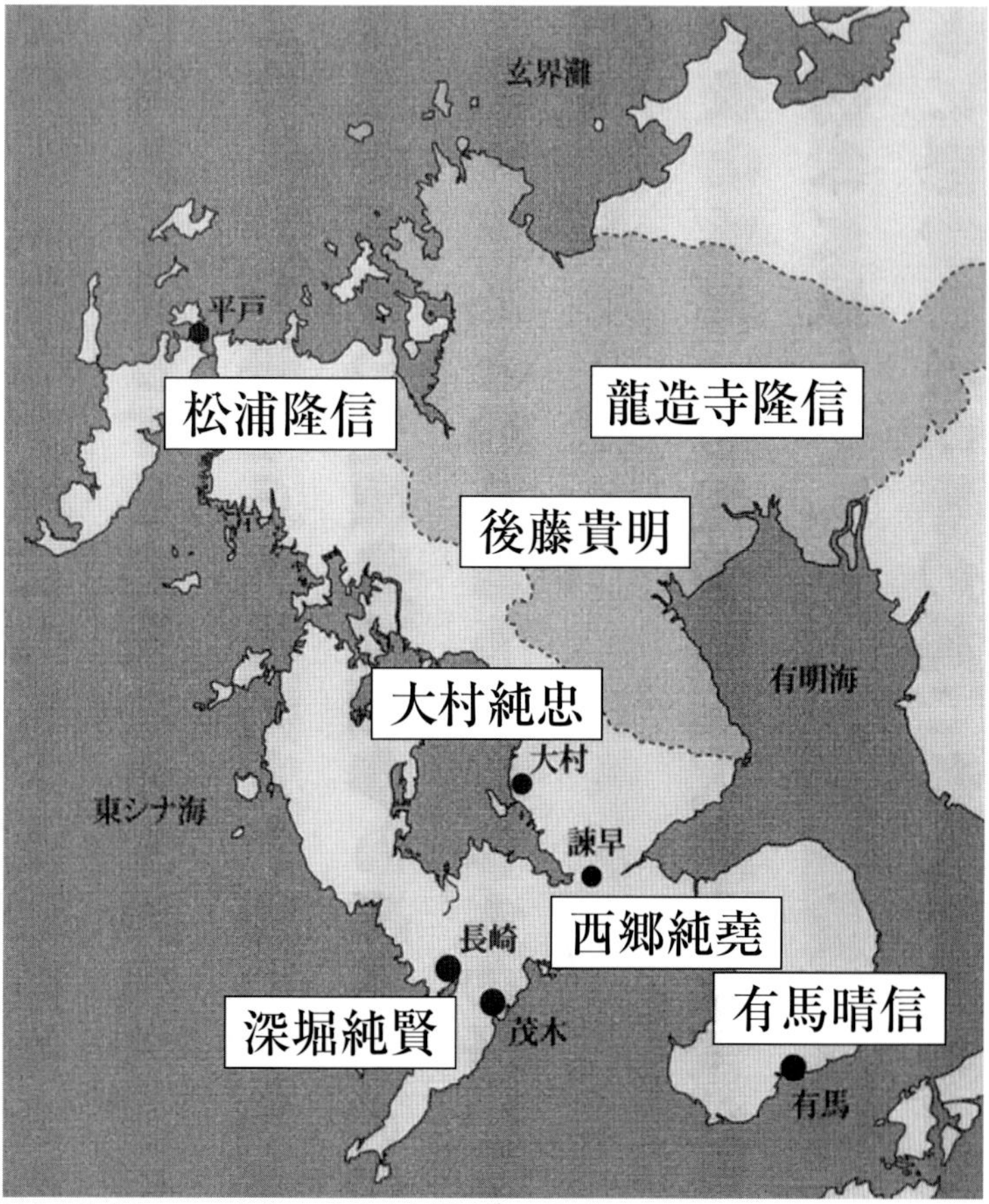

長崎開港時点における肥前国の勢力分布（外山[2]より引用）
肥前大村の領主である大村純忠は多くの敵に囲まれ、一時は風前の灯火であった。純忠はイエズス会に長崎を寄進し、さらに自身が受洗することで、自領の強化と安泰を計画した。

戸)、後藤(武雄)、東に西郷(諫早)、南に有馬(島原)、深堀から囲まれ四面楚歌の状況にあった。彼らの背後には龍造寺が君臨しており、純忠に限らず肥前の小領主たちは互いに小競り合いする一方で、龍造寺の機嫌をうかがわねばならなかった。そんな先の見えない状況の中にあって、大村純忠は突拍子のない決断をする。それが長崎のイエズス会への寄進であった。

1580年、長崎は教会領となった。大村純忠はポルトガルとの貿易による多大な収入を得た。また戦いに際してはイエズス会と共同戦線をはり、教会領は要塞として機能した。さらには緊急時の避難所としての利用も可能であった。教会領になったことで、種々の利点がある反面、純忠は仏教徒からは嫌われ、多くの家臣が離反するという苦渋を覚悟しなければならなかった。

参考文献

1 松田毅一『日葡交渉史』教文館 1963
2 外山幹夫『長崎史の実像』長崎文献社 2013
3 渡辺京二『バテレンの世紀』新潮社 2017
4 高瀬弘一郎『キリシタンの世紀』岩波書店 1993
5 安野眞幸『教会領長崎』講談社 2014
6 外山幹夫『中世長崎の基礎的研究』思文閣出版 2011

5　長崎開港

ポルトガルのアジア進出

１５４３年に鉄砲を伝えて以来、薩摩には複数のポルトガル商人が住んでいたようである。それはザビエルを日本へ案内したヤジローが、薩摩からマラッカまでポルトガル商人と同行していることからもうかがえる。中国の明《ミン》は海禁政策をとっており、朝貢貿易以外は認めなかったので、当時の東アジアは倭寇のような海賊が私的貿易を展開していた。その典型的な人物が平戸や五島を根拠地とした「王直《おうちょく》」である。王直は鉄砲伝来に関わったポルトガル人を種子島へ運んだことでも知られている。ザビエルとヤジローが出会った当時のマラッカは、多様な人種や言語が行き交う国際貿易都市であり、アジアにおける海上交易のメッカであった。そこへ西からポルトガルが乱入してくるのである。

ポルトガルはアジア進出の足掛かりとして、まずインドのゴアを占領して副王を配し、さらに東方への侵略を目指した。ゴアにポルトガル艦隊を常駐させ、そこを拠点として１５１１年にはマラッカまで進出、さらに１５１３年には中国との交易を開始した。中国は当初ポルトガルの駐留を拒否したが、倭寇退治を依頼したことが端緒となり、ポルトガルは

長崎港の美しさは、日本を訪れた多くの外国人が口にしている。夏や秋の景色を描いた絵が多く残されている。これは長崎の著名な絵師である川原慶賀の描いた「夏の長崎港」である。

『長崎港』(アムステルダム国立博物館蔵)

1557年にマカオを居留地とした。そこから日本まではわずかな距離である。

1550年、ポルトガル船が初めて平戸に来航した。平戸の松浦氏はポルトガル商人を受け入れ、ポルトガル船来航を知って薩摩から平戸へ来たザビエルは、この地で布教を行った。私が疑問に思うのは、平戸にポルトガル船が来たことを、薩摩にいたザビエルはどうやって知ったのだろうということである。九州を往来するポルトガルの商人から聞いたとしか思えない。ポルトガル商人たちの通信網は想像以上に発達していたのだろう。忘れてならないことは、ポルトガル商人たちはカトリックだったこと、そして当時の東アジアの布教はイエズス会が一手に担っていたことである。貿易と布教はセットになっていた。商人たちがいてこその布教であり、布教あってこその貿易であった。

宗教と貿易

薩摩の島津氏、あるいは平戸の松浦《まつら》氏を考えてみよう。彼らには仏教という古くから信仰する宗教があった。だから意味もなくキリスト教という新しい宗教を欲したはずがない。一方で、南蛮貿易は莫大な利益をもたらした。この時期、日本の富裕な商業地に豪商が出現する。堺の今井宗久、津田宗及あるいは納屋助左衛門は南蛮貿易で荒稼ぎして信長や秀吉の財政を支え、博多の島井宗室や神谷宗湛は秀吉の九州征伐や朝鮮出兵に協力した。彼ら豪商は、ポルトガル船の入港地をハイエナのように嗅ぎつけ、どこにでも出没して交易を推進したに違いない。相手は公的なポルトガル船だろうと、私的な海賊船であろうと構わなかった。ポルトガル船の寄港地が、薩摩、平戸、豊後へと広がると、おのずから豪商たちは寄港地に集まるのである。やがて長崎が開港し、ポルトガル船が入港するようになると、豪商たちは陸続と長崎をめざしたことであろう。

長崎は、いわば手あかのついていない処女地であった。安土桃山時代の商業都市は、堺、大阪、京都、そして博多である。このうち長崎のライバルとなり得るのは、地理的に考えて博多であろう。ザビエルは日本のなかにポルトガル商人を受け入れるための商館が欲しかった。彼は堺をその候補地と考えていたが成功していない。ポルトガル船が九州以外の港で交易することはついになかった。

イエズス会の布教活動を成功に導くには、戦国大名に対価を与えなければならない。それは南蛮貿易から得られる途方もない富である。イエズス会には、そのための貿易港が必要であった。ポルトガルの貿易船（黒船と呼ばれた）は500～1，000トンを越える当時の巨船である。港には十分な水深が必要であり、海賊や台風から守られなければならず、さらには神の恩寵をあたえてくれる司祭が必要であった。①深い海の良好な港、②外敵や災害から守られる港、③神父のいる港。少なくとも3つの条件を満たす港が求められていたのである。

ポルトガル船の寄港地

最初の候補地は平戸であった。彼らがなぜ平戸を選んだかはよく分からない。たまたま辿り着いたというより、やはり平戸にはポルトガルにとって好ましい、何らかの理由があったのではないだろうか。私は平戸の地図を見るうちに、ひとつの考えにたどりついた。現在の平戸港は、港の入り口は狭く、湾内は広い。そして周囲は丘陵で、港内に突き出た長い岬がある。この形状は長崎の港に似ているのである。私は平戸の古地図を探した。そして1621年に描かれたハーグ国立中央文書館所蔵の平戸港の地図にも、やはり同様の特徴が存在することを確認した。港の形状については第2章でさらに掘り下げるとして、ここでは当時のポルトガルが日本における最初の寄港地として平戸を選択したことに、何らかの考えがあった可能性を指摘しておく。

さて平戸港は外敵や災害から守られた、十分な水深を有する良港である。だが領主の松浦《まつら》氏はキリシタンに冷たかった。松浦氏は南蛮貿易は喜んで受け入れたものの、宗教については仏教徒による猛烈な反対があり、キリスト教は受容できなかった。日本布教長のトルレスは平戸を見限り、次の候補地を模索した。そこに平戸に隣接する中規模の戦国大名である大村氏が近寄ってきた。自分の領地である横瀬浦をイエズス会に寄進するというのである。横瀬浦は内海の静かな良港である。大村氏は土地と住民を提供するのみか、10年間は税金を課さないことを約束した。さらには大村純忠本人が受洗するという離れ業をやってみせた。純

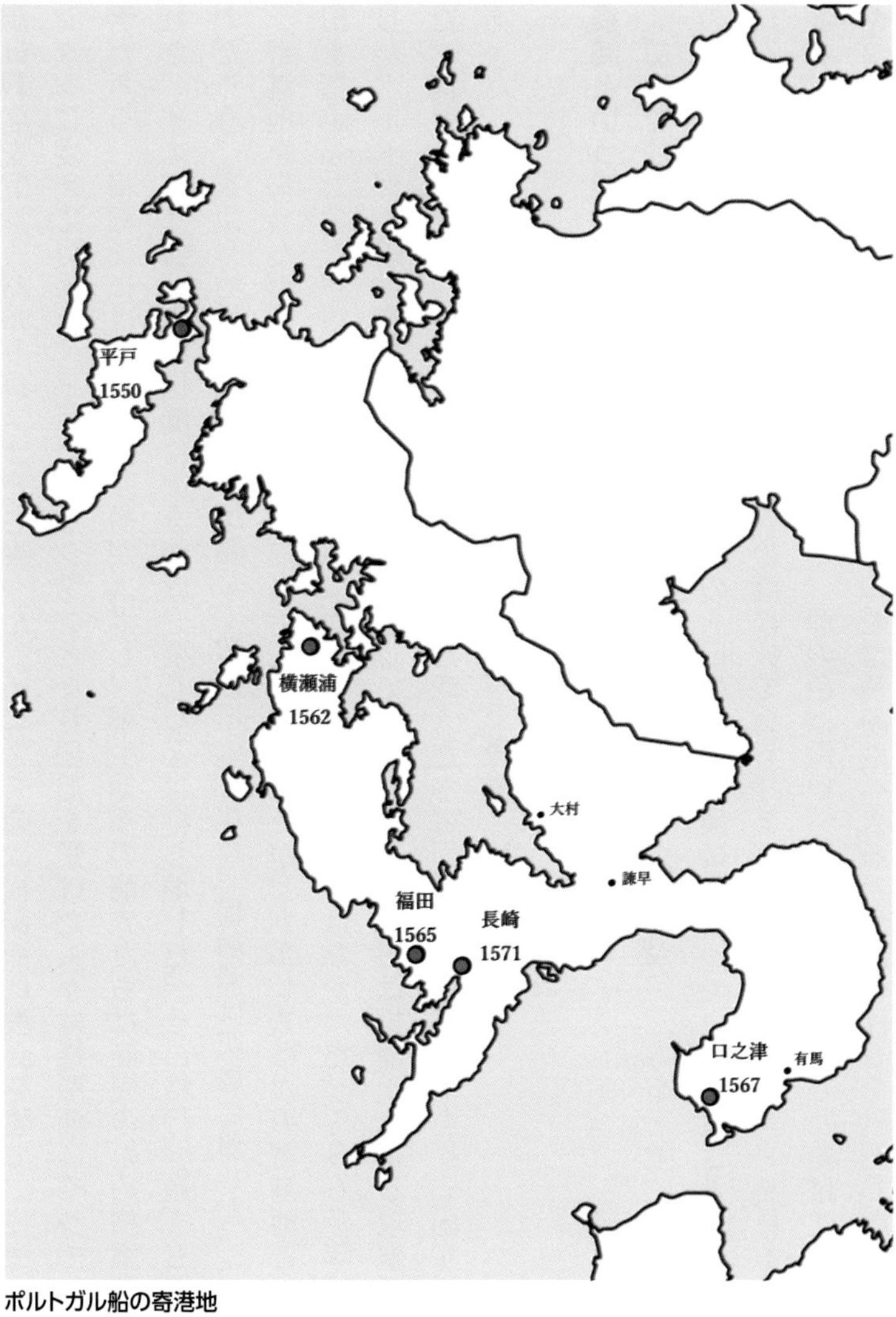

ポルトガル船の寄港地
ポルトガル船は最初に平戸へ入港した（1550）。その後、横瀬浦（1562）、福田（1565）、長崎（1571）へとポルトガル船の入港する港は移動した。

忠は教名をドン・バルトロメオと名乗った。イエズス会は横瀬浦に教会を建て、住民をキリシタンに変えていった。平戸でキリシタンとなり圧迫を受けた人々は横瀬浦にやって来たことだろう。横瀬浦にはポルトガル船が入港し、堺や博多の商人たちは商売のため横瀬浦を訪れた。イエズス会は寺社仏閣に火をつけ、墓石などは打ち壊した。そこに行き過ぎもあったのだろう。家臣や地元住民たちは反発して教会に火をかけ、横瀬浦は灰燼に帰した。

寄港地を失ったポルトガル船は以前の平戸にもどったが、トルレスは次の寄港地として福田を指定した。だが福田港は直接外海に面しており良い港ではなかった。１５６７年に来航したポルトガル船は有馬領の口之津に入港している。さらに福田は松浦氏による攻撃を受けた。何とか撃退はしたものの、イエズス会と商人たちは何としても次の港を探し出す必要があった。こうして長崎港が発見されるに至るのである。

長崎という処女地

初めて長崎に入港したポルトガル人たちは何を感じただろうか。三方を丘陵に囲まれ、緑の木々を映した海面は静かである。港の入口は狭いが奥は広がっていて、大きさは十分の一に過ぎないが、どことなくリスボンの港に似ている。まるで故郷のミニチュアを見るようである。海岸に人の住む気配はまばらで、海の色は深い。福田港から出港した船はイエズス会のフィゲイレド神父を乗せていた。その船は長崎港へ入ると、海の深さを計測しながら港の奥へと進んでいく。夏のおわり、風にかすかな潮のにおいがある。頭上を鳶《とび》が舞っている。港の幅が狭くなったと感じたころ、神父は船の前方に長く突き出た岬を発見する。その地形は、ポルトガルが海上帝国として築いたゴアやホルムズやマカオによく似ていた。それらの海上都市には、いずれも要塞が築かれていた。「あの岬の先端に教会を建てたら、入港した船の目印になるだろう」。フィゲイレド神父の頭の中に、塀と堀で囲まれた要塞都市が浮かび上がった。要塞の先端には十字架を掲げた教会が建っている。岬に近づくと、数人の漁師が小舟で釣りをしている。海岸にも幾人か人の姿がある。塩焼きでもしているのだろうか。それにしても、彼らの住む家はどこにあるのか。岬の上には人家は見えなかった。港の奥に行きつくと、いくつかの川が海に流れ込んでいる。小舟に乗り換えた神父は、川を伝って上流へ向かった。数年前にルイス・デ・アルメイダ修道士が初めて説教し、ガスパル・ヴィレラ神父が教会（トードス・オス・サントス）を建てた場所（桜馬場）が川の上流にあることを知っているのである。そこは大村純忠の娘婿である長崎甚左衛門が知行しており、彼もまた純忠とともに横瀬浦でトルレス司祭から受洗している。教名をドン・ベルナルドというのである。さきほど岸辺に見えた漁師たちはその村から来ているのかも知れなかった。

それにしても、これほどの良港がほとんど使われていない様子なのが信じられない。この港こそ、神がわれわれイエズス会に与えられた恩寵ではないだろうか。フィゲイレド神父はそんなことを思った。フィゲイレド神父が長崎港を調査した翌年（１５７１年）、最初のポル

『長崎古図』(九州文化史研究施設蔵)
長崎の俯瞰図であり、最初期の長崎港を見ることができる。港の入り口は狭く、湾内は広い。そのため内海は穏やかである。長く伸びた岬は周囲を海と山に囲まれており、外部からの敵の侵入に備えやすく、要塞に適した形状をしている。

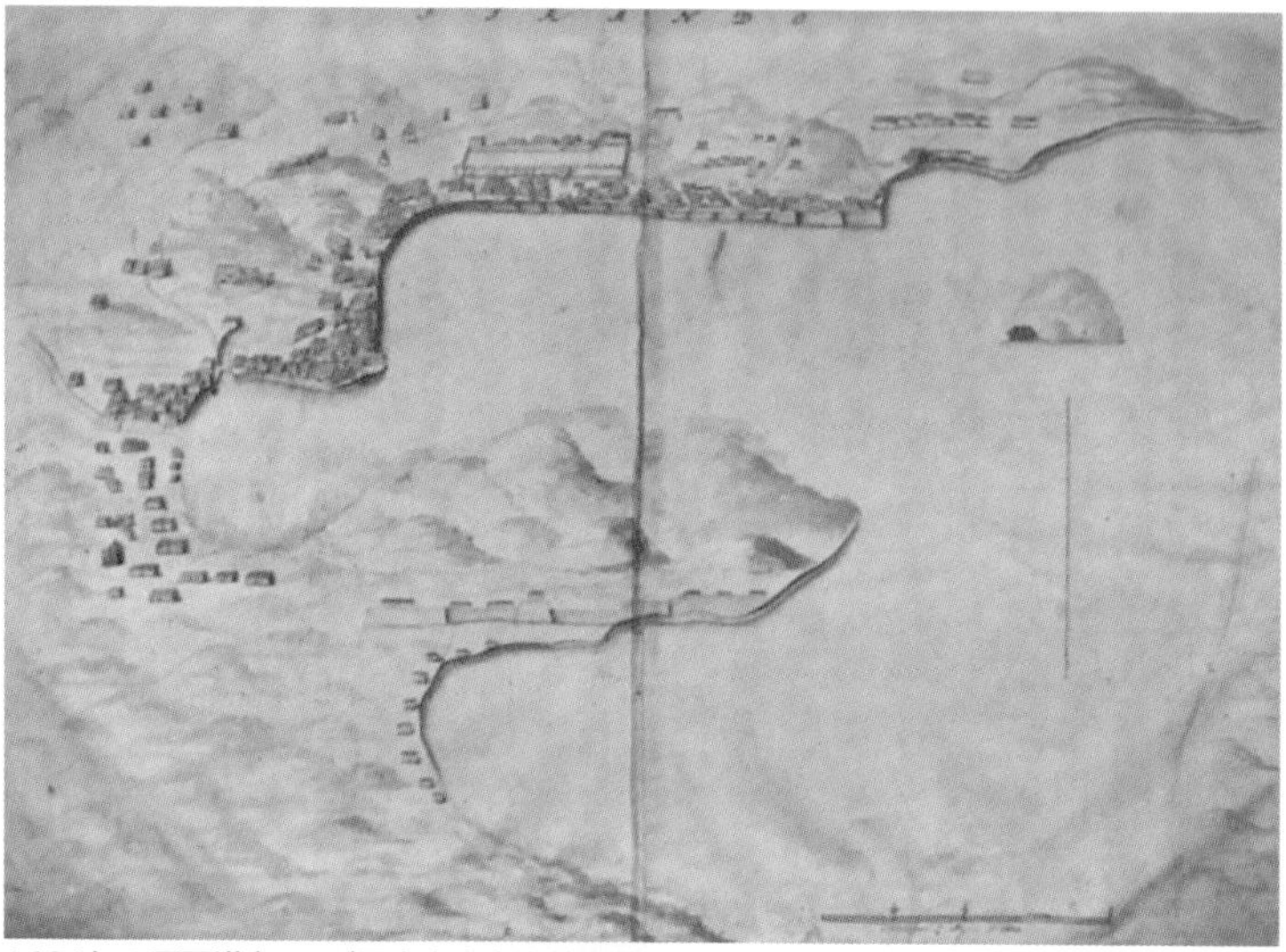

1621年の平戸港（ハーグ国立中央文書館所蔵）
港の入り口が狭く、湾内は広がっている。そこに長い岬が突き出している。これらの形状は、長崎港によく似ている。文献6より引用。

トガル船が長崎に入港した。

参考書

1　長崎市出島史跡整備審議会編『出島図』中央公論美術出版 1987
2　ルイス・フロイス（松田毅一・川崎桃太訳）『日本史』中央公論社 1978
3　宮崎正勝『ザビエルの海』原書房 2007
4　羽田正『東インド会社とアジアの海』講談社 2007
5　外山幹夫『長崎史の実像』長崎文献社 2013
6　セーリス『日本渡航記』ヴィルマン『日本滞在記』（村川堅固ほか訳）雄松堂書店 1970

6 原風景

17世紀初めの長崎(全炳徳教授提供)
現在の地図上に長崎の古い地図(寛永長崎港図)を重ねて作成してある。450年を通じて長崎港は埋め立てられ、元来は広かった港が、いかに狭くなったかが一目瞭然である。

長崎の原風景

長崎大学附属図書館長だったとき、学部横断的な組織として「長崎地域文化研究会」を立ち上げた。文系・理系にこだわらず、「長崎」をキーワードに教官23名を会員とする研究会である。会員はじつに多士済々であり、幕末から明治時代の研究者が多いが、なかにはポルトガル時代を研究する学者もいる。長崎大学情報データ科学部の全炳徳教授は、16世紀の長崎の地形を再現しようとしていた。最初の図（60〜61ページ）は、彼に提供してもらったデータである。長崎の地図として最古の「寛永長崎港図」から抜き出した長崎を、国土地理院作成の地図上に張り付けてある。縮尺を合わせ、現在と当時とで共通するいくつかの地点を重ねて作成されている。張り付けられた長崎の部分は、前の県庁があった場所（江戸町）から万才町あたりに相当する、昔は「長く突き出した岬」だった土地である。つまり、その周囲はすべて海であった。地図からは、そのことがよく理解できる。

全教授と話すうち、東大の研究者が同じような手法で、より詳細な地図を作成していると言う。彼はその論文を見せてくれた。16世紀の長崎がそこにあった。長崎湾に向かって長く伸びた岬があり、その切り立った崖のふちまで波が来ていた。波が見えたわけではないが、驚くほど臨場感のある地図である。その地図の制作者はポルトガル人のベビオ・アマロ博士であり、彼が東大に在籍したころの修士論文である。私はさっそくアマロ氏にコンタクトした。

アマロ氏は長崎で土地開発の際に行われたボーリングの情報およびGIS（Geographic Information System：地理情報システム）による位置情報を併用して、16世紀の長崎の地形を再現していた。さらに当時の日本人やポルトガル人の記述を読み込み、それらの情報も地図上に組み込んでいた。その結果、アマロ氏の地図は、全教授のものに似ているが、さらに当時の建造物や樹木に至る情報まで含まれたものとなっている。再構成されているのは、16世紀の長崎そのものの姿なのであった（68〜69ページ図）。

私はアマロ氏の長崎地図を見るうち、不思議な感覚に打たれた。地図上の場所に行ったことがあるような、既視感《デジャブ》に襲われたのである。海に埋まった長崎の町を彷徨っている自分のすがたが浮かんできた。それは1982年の長崎大水害で、長崎の町が海に沈んだときの情景であった。

垣間見た16世紀の長崎

1982年7月23日、私は夕刻からの送別会で銅座にいた。午後6時には尋常でない雷雨となった。幸か不幸か飲食の場所は2階だったので、店の外の様子は不可知であった。20時をすぎて階下へ行くと、すでに1階は浸水しており、銅座の道は川に変じていた。思案橋のあたりで膝まで水が来た。ズボンの裾をまくり上げ電車通りに出ると、車輪を水に埋めた状態で車が走っている。タクシーは止まらなかった。高台を目指して、当時の県庁に向かって歩くと、中島川の橋げたには大量の木材が積み重なって、激しい水流が橋から吹き上げていた。なんとか県庁坂を上りきると、バスが通りかかった。私は「ロープーウェイ前経由下大橋行」のバスに乗り込んだ。

バスは20名ほどの乗客を乗せていた。宝町まで来ると、運転手が車内放送で言った。「左の窓から外を見てください。御覧のように、稲佐の方へは行けないので、下大橋へ直進します」。外を見ると、電車道から稲佐への凹んだ道路は完全に水につかって、そこは海になっていた。暗闇の中をバスは電車通りを直進した。テレビの中継車がバスの中を照らし、撮影しながら通り過ぎた。

銭座町まで来たとき、バスに浸水が始まった。茂里町でエンジンが嫌な音を立てた。海水が車内に流れ込み、座席のシートが水に浮いた。室内灯が何度かまたたくと、ふっと消えた。同時にエンジン音も消えた。完全な暗闇のなか、バスの天井を打つ雨音だけがリズムを刻んでいた。乗客は緊張し、無言で立っていた。そのとき誰かがカメラのフラッシュを焚いた。20名全員の表情が一瞬だけ見えると、それが合図だったように、一斉に悲鳴があがった。

運転手が言った。「わたしが隣の駐車場までロープを張ります。みなさんは落ち着いて、女性から先に降りてください。お子さんは男性がおぶって降りてください」。えらく落ち着いた声だった。たいした運転手であった。今でも褒めたい気持ちは薄れない。自分の番が来てバスのステップから水の中に踏み出すと、ストンと首まで水が来た。そのときになって初めてパニックに襲われた。思わず駐車場まで走ったような気もするが定かでない。ロープをつかんでいたし、首まで水に浸かって、走れるものだろうか。

全身ずぶぬれで駐車場にたどり着いたとき、寒かったのか暑かったのか、7月23日だというのに震えがきた。その夜は駐車場の5階で朝まで起きていた。私は目の前の国道を見下ろしていた。そこを流れる水流は激しく、木や車や小屋やいろいろなものが目の前を流れていった。自分は海の岸辺に立っている。そういう感覚があった。国道の向こう側にはコンクリートの建物があったはずだが、激しい雨にかき消されて見えなかった。だから駐車場の5階にいる私の視界には、ずっと遠くまで続く海の景色だけが見えていた。ぼんやりとだが、道路の向こうに立っている人がいるようだった。駐車場から、彼らに向かって「泳いでこい」と叫ぶものがあった。向こう岸の立ち木にしがみついていた3人が、いっせいに泳ぎだした。2人はこちらにたどり着いたが、1人は途中から向こう岸へ戻っていった。流れは相当に激しかった。戻った人はどうなっただろう。今も思い出すたびに不安に襲われる。

翌朝の6時、目の前の海が浅瀬になっていた。信号機が黄色の点滅をくり返している。海だった場所が浅瀬になると国道が見えてきた。そして海に沈んで放置されていた車が姿を現した。私が乗車していたバスは、夜の間に駐車場のそばで屋根まで水没したが、朝には再び元のバスに戻っていた。車を取りに戻った人があり、エンジンは何もなかったかのように始動した。海底に沈んでいた車が動くことに何だか不思議な気がした。

私は大学病院まで歩いた。病院は地下を除けば被害はなかった。私は医局へ行き、プロパンガスでソーメンをゆがいて食べた。手術室は湯が出たので、風呂にも入った。昼にはガスが止まり、水道が止まった。だが私は生き延びたのである。

今も残る海岸線

私は長崎大学病院の院長になるまで、そこが高台に位置するという認識はなかった。院長になってみると、高齢の患者さんたちは、病院までの坂が辛いというのである。稲佐山の展望所から見ると、確かに大学病院は山の中腹にある。

16世紀の長崎の高低のある地形を、身をもって体感したことに気づいたのは最近のことである。あの水害の時の長崎の情景こそ、長崎が埋め立てられる前の、山際まで海の迫った原風景だったに違いない。今になってそう思う。

長崎大水害で一夜を過ごした茂里町から、目覚町を通って大学病院のある高台まで、背後には古くて高い崖が続いている。聖徳寺から坂本外人墓地、山王神社から当時の歯学部玄関、さらに大学病院まで、一方に崖のある道がかなりの距離にわたって続く。その崖こそが長崎が始まったころ、すなわち16世紀の海岸線であった。私は当時の長崎の海辺に逃げ込んで、駐車場の上から、1570年当時の長崎の海を見ていた。私は大水害の夜に、いにしえの長崎を見ていたのであった。

参考書

1　ベビオ・アマロ：港市長崎の成立に関する研究。東京大学大学院工学系研究科（修士論文）
2　ベビオ・アマロ：港市長崎におけるキリシタン施設に関する研究。東京大学大学院工学系研究科（博士論文）
3　寛永長崎港図ポスター、長崎文献社
4　布袋厚『復元！江戸時代の長崎』長崎文献社 2009
5　増崎英明編著「巨樹の記憶―二人のルイス」『今と昔の長崎に遊ぶ』九州大学出版会 2021

1571年、イエズス会は長崎港をポルトガル船の入港地とし、岬の先端に小さな教会を建てた。森崎にはキリシタンのための六つの町が建設された。

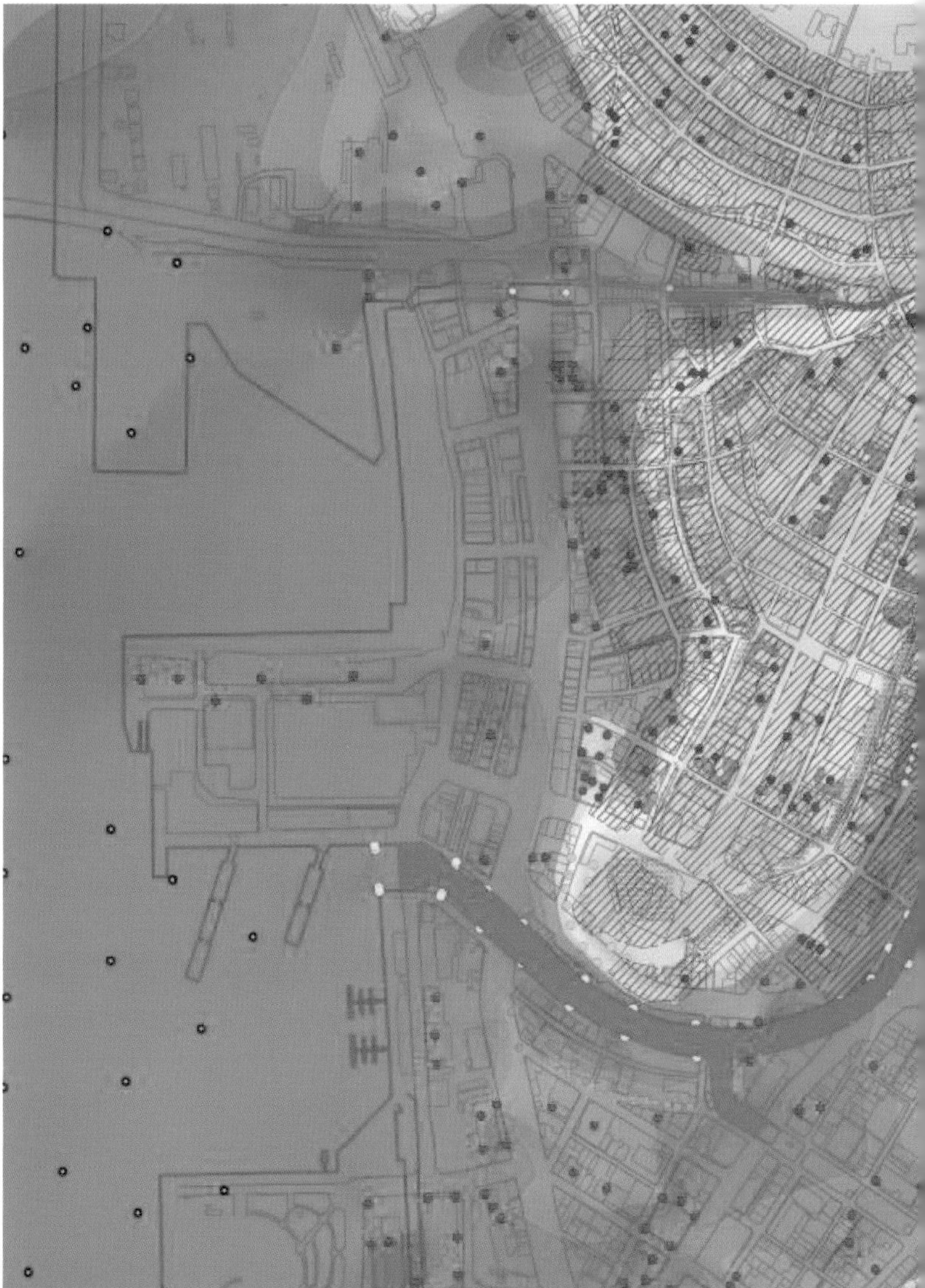

16世紀の長崎（満潮時）再現図（アマロ氏より提供）
長崎の港に飛び出した岬は、当時「森崎」とよばれ、茨と雑木林があった。

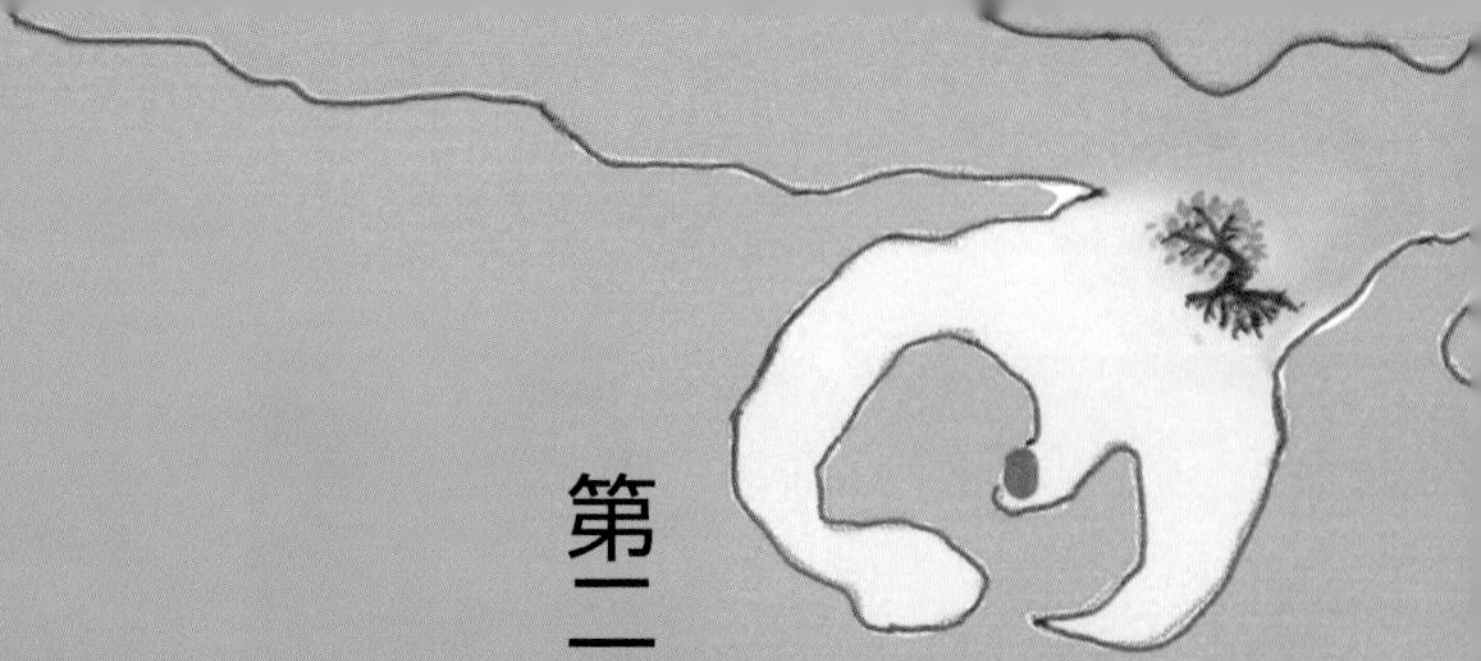

第二章　長崎勃興（1571～1614）

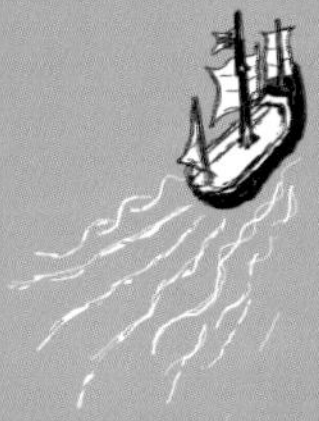

1 長崎建設

長崎の岬（アマロ氏より提供）
現在の長崎の地図に、開港当時の地図を重ねて作成してある。薄緑の範囲は満潮時の地面であり、茶色の部分は干潮時に出現する区域である。満潮時の長崎は海に突出した岬であることが判然とする。

「森崎神社」伝説

前の長崎県庁があった場所（江戸町）は、長崎が開港した1571年当時、海中に長く伸びた岬の先端であった。そこは高台の平地で、茨と雑木林ばかりがあり「森崎」とよばれていた。この場所に、1571年、最初の六つの町が造られた。崖下の狭い海岸にはわずかな家があり、漁師や塩焼きが住んでいた。

1570年の夏か秋、イエズス会のフィゲイレド神父は、ポルトガル船の水先案内人とともに長崎港の水深を計測し、そこが優良な港であることを確認した。そして翌年、マカオから福田港に来ていたポルトガル船が初めて長崎港に入った。当時は帆船なので、風がなければ進めない。夏の風に乗ってマカオから来航し、長崎を出航するのは秋から初冬と決まっていた。だから、最初のポルトガル船は1571年の夏に入港したことだろう。日本の文献によれば、同じ年に長崎の町建てが行われているが、それは春3月のことである。つまりポルトガル船が入港したときは、すでに長崎の町は作られつつあったということになる。

岬の先端に人が住んでいたかどうかははっきりしない。人が住むには、水と米が必要である。だが森崎には水がない。ましてや米のあるはずがない。だから崖下に家があったとしても、わざわざ高台に人は住まなかっただろう。

日本司教ドン・ルイス・セルケイラは1604年、以下のように書いている。

「長崎にはいろいろと不便なことがありました。たとえば町の内にも外にも、田園も牧場も野菜畑も飲み水も洗濯のための川も、薪を取るための森も、建築のための石を取るところもありませんでした。すべて他所（大村の領地）から買わなければなりませんでした」

ポルトガル来航以前、ここに「森崎神社」があったとの伝説がある。だが越中哲也氏は「森崎の地は1570年までは未開の地で、そこには森があり人家はなかったと言うことである。その人家の一軒もない森の岬の中に森崎社のみがあったであろうか」とその存在を否定し、神社は、教会破壊のたたりを恐れた人々が後世に建てたものとしている。開港以前、森崎はただ森があるのみで、大掛かりな神社などはなかった。そう考えて矛盾はない。では宣教師たちの資料を見てみよう。

フランシスコ・カリアンは「（岬には）雑木林〝mato〟以外何もなかった」と書いているし、アレッサンドロ・ヴァリニャーノによれば「（高台は）未開の雑木林と野ばらにおおわれた、海に突き出した狭い岬」であったという。ポルトガル人の長崎研究者アマロ氏は私の質問に、〝mato〟は雑木林ないし低木地を意味すると教えてくれた。いずれにしろジャングルのような土地だったとすれば、あえて人が住む必要もなかったであろう。

六町の町建て

『長崎略縁記』に「元亀2年（1571）3月、（中略）大村からは純忠の名代として友永（朝長）対馬という者が来た。当地の長である高木・後藤・高島・町田が立ち会って、森崎と一の堀の間に、六つの町を建て始めた」とある。友永という大村純忠の代理人が町割りを支配したらしい。住民からは、高木・後藤・高島・町田が立ち会った。この住民代表の4人は「頭人《とうにん》」とよばれ、最初期の長崎の顔役である。長崎がのちに自治都市として発展すると、4人は「町年寄」として長崎の実質の支配者になる。

ポルトガル船の初入港と町建てが、同じ1571年に行われているので、これらの出来事は連動していると考えてよいだろう。つまり、イエズス会と大村純忠は共同作業によって、開港と六町の町建てを行ったに違いない。おそらく1570年秋に長崎港を調査し、翌年の春に町建てをした。そして同年夏にポルトガル船が初来航したのであろう。

長崎は六つの町から始まったとされる。岬の先端に小さな教会を建て、そこから岬の基部に向かって、まず横瀬浦町、外浦町、ぶんち町が並び、その後方に、平戸町、大村町、嶋原町、が並んでいた。以上が長崎に最初に作られた六町である。これらの町には、それぞれの名前に由来する土地から追われて来た人たちが住んだという。

だが果たしてそうだろうか。私はそこに住んだ人たちによって、六町は3つに分類できると思う。①平戸町と横瀬浦町、②大村町と嶋原町、③外浦町とぶんち町の3つである。①は迫害や追放されたキリシタンが作った町だろう。②は大村家と有馬家が作った町と考える。③はそれ以外である。それぞれを見ていこう。

平戸は10年以上にわたってポルトガル船の基地だったが、領主の松浦《まつら》氏はキリシタンを嫌った。横瀬浦は、大村純忠がキリシタンのために港を開いたが、仏教徒の家臣と義兄弟（後藤貴明）に焼き尽くされた。だから、それぞれの土地から逃げてきた人たちの町と考えて矛盾しない。ところで平戸町と横瀬浦町の人別帳が今に残っている。それによると平戸・横瀬浦の出身者はほぼ同数で、近畿や北陸や朝鮮から来た人もいる。横瀬浦町は後に平戸町に吸収されることからも、同じ種類の町と考えて良いだろう。エグザイル（亡命者）の町だから、貧しい人が多かったに違いない。

次に②の大村町と嶋原町について考察する。それぞれの町の領主、大村純忠と有馬義貞は実の兄弟である（有馬義貞が受洗したのは、これより後の1576年のことで、ドン・アンドレスと称した）。いずれも南蛮貿易を奨励しているから、両町の住民は迫害された者ではなく、大村と島原から移住した（あるいは移住させられた）人々と考える。二つの町には、それぞれ大村と島原から100人ずつの兵士が送り込まれたと古文書にあり、長崎の守護者としての役割をもった町ではないだろうか。のちの地図を見ると、高木、後藤、高島など、町の代表者（町年寄）が住んでいるので、比較的裕福な町であったと考えていいだろう。

③の外浦町とぶんち町についての詳細は不明である。ぶんち町はのちに外浦町に吸収されるが、ここには中国人が住んだとの説がある。外浦町については福田の人が住んだ町であると越中哲也氏からうかがったことがある。

キリシタンの町

当時の長崎の人口について巡察師ヴァリニャーノは「私が初めて日本に到着したとき（筆者注：1579年）、長崎にはすでに約400の家があった」というから、一家4人とすると1,500人ほどが住んでいた。また先述した『平戸町人別帳』の1642年度には、この時点で平戸町と横瀬浦町の2町に住んでいたのは332人とある。長崎は六町なので単純に3倍すれば約1,000人となる。最初期の長崎の住人は、水がなく米もない高台で何をして暮らしたのであろう。沖に停泊したポルトガル船から小舟でやってくるポルトガル人の食事の世話をしたり下宿させたり、港で行われる商取引の雑用などで生活したのだろうか。あるいは商売でやってくる博多や堺などの商人の世話で日銭を稼いだのかも知れない。町ができてしばらくするうちには、食べ物を扱う店や雑貨屋、遊女たちの町もできたことだろう。宣教師はまだ数人の時期だから、心の世話はできても、食物を与えるには足りない。最初は誰かが世話をしなければ、貧しいキリシタンたちは生きていくのも大変だったに違いない。やはり大村純忠の庇護のもと、イエズス会の助けを借りて、住民の生活は成り立っていたと考えるほかないように思われる。

ジャングルを切り開き、主要道路を整備し、住居を整えたのも、おそらくは大村か有馬から差し遣わされた武士が指図したのであろう。日本の資料では、大村家の友永という家老がそれをやったように書いてある。そうかもしれないし、違うかもしれない。ただ言えることは、

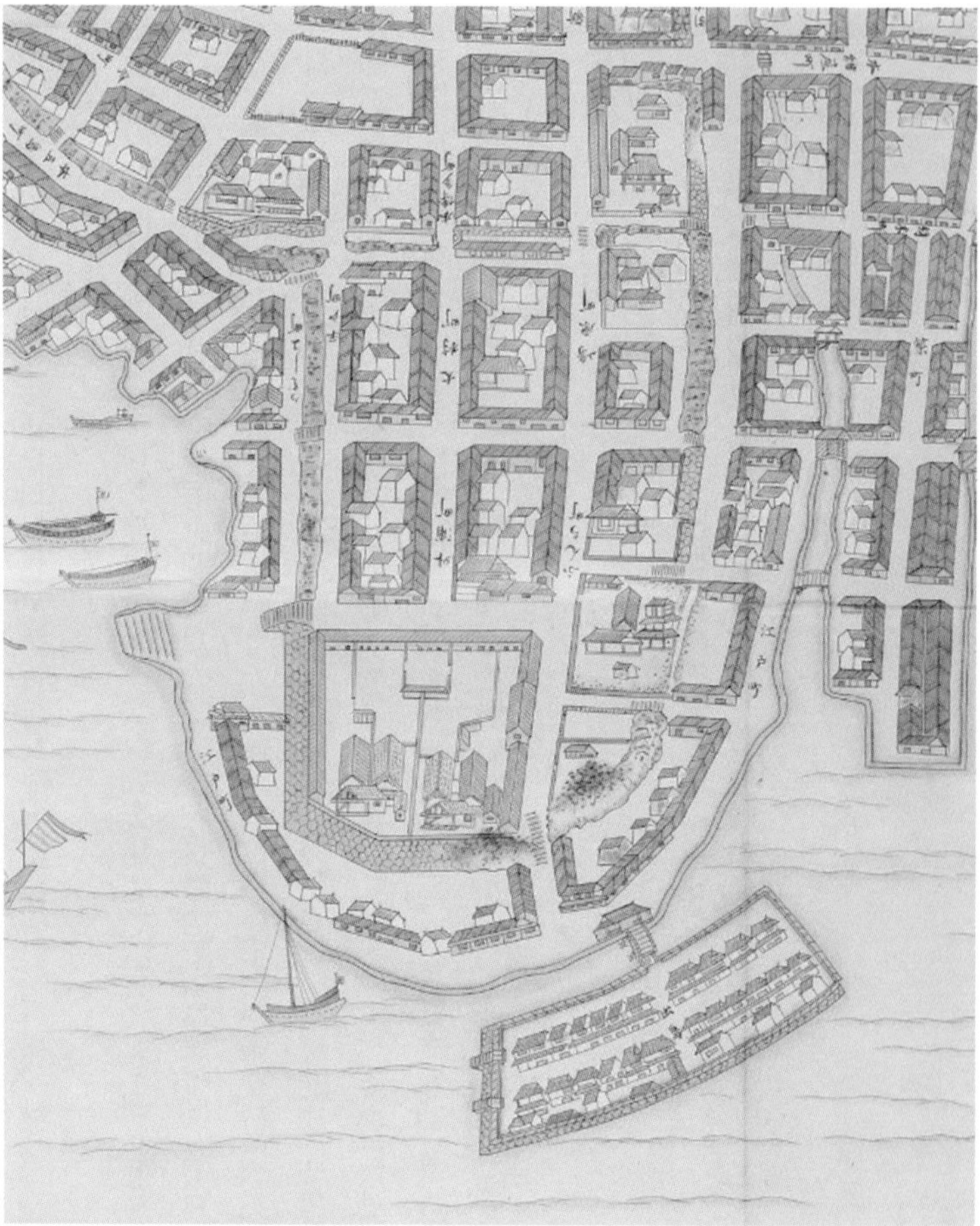

長崎港の圖（文献8より改変引用）
1636年以降の長崎図である。「岬の教会」はすでに破壊されているが、古い長崎の街並みを詳細に知ることができる。

世話をした人物は本人自身がキリシタンであったということである。そうでなければ、無償の仕事はやれないであろう。

森崎の地には、フィゲイレド神父が小さな教会を建てている。そこには数人の神父がいて、1000人~1500人の告解を聞いたのである。長崎の町の道路は、高台を3本の道がまっすぐに続いている。建物など何ひとつなかった土地に、区画整備を行い、住居を建築することは、大変ではあるが、夢のある作業であったことだろう。人工的に作られた長崎は、希望にあふれた人々によって築かれたのである。町の発展とともに、そこには悪徳が生まれ、貧富に差が生じたとしても、少なくとも始まりのころは、さまざまな地域、階級、職業の人たちが協同し、作り上げた理想の町だったと思いたい。

参考文献

1 ベビオ・アマロ：港市長崎の成立に関する研究。建築史学 67:1-25,2016
2 結城了悟『長崎開港とその発展の道』長崎純心大学博物館 2006
3 越中哲也『長崎初期キリシタンの一考察』長崎純心大学博物館 2009
4 外山幹夫『中世長崎の基礎的研究』思文閣出版 2011
5 九州史料刊行会編『長崎平戸町人別帳』1965
6 布袋厚『復元！江戸時代の長崎』長崎文献社 2009
7 赤瀬浩『株式会社：長崎出島』講談社 2005
8 立正大学図書館田中啓爾文庫『長崎港の圖』

2　長崎の時代

表　長崎の時代（増崎作成）

1549年	キリスト教伝来（ザビエル）
1550年	平戸にポルトガル船来航
1571年	長崎の開港建設
1580年	長崎をイエズス会に寄進
◎1582年	天正遣欧少年使節長崎出発
1587年	秀吉バテレン追放令
1588年	秀吉イエズス会から長崎没収
◎1597年	日本26聖人殉教事件
1614年	大追放
1636年	出島完成
1637～1638年	島原の乱
1639年	ポルトガル追放・来航禁止

信長 1534-1582

秀吉 1537-1598

家康 1543-1616

◎：世界レベルの出来事

戦国時代の長崎

長崎は1571年、大村純忠とイエズス会との協議により開港した。それからの約70年、良い意味でも悪い意味でも、長崎は歴史の中に輝かしい足跡を残した。南蛮貿易により莫大な富がもたらされ、爆発的な人口流入があり、ローマ教皇に使節を送るまでに町は充実した。一方、豊臣秀吉による日本統一事業あるいは朝鮮出兵のあおりを受け、やがて長崎は内部から分裂することになる。

日本歴史家のボクサーは、ザビエルがキリスト教を伝えた1549年から、ポルトガル船入港禁止の1639年までを“Christian Century”「キリシタンの世紀」と呼んだ。日本が西洋と初めて接触し、対等な付き合いをした世紀として、記憶されるべき特別な時代である。その90年のうち後ろの70年は長崎が主人公であった。だからその時期を「長崎の時代」と呼ぶこともできるだろう。

最初の表（P81）に「キリシタンの世紀」の90年間に、主に長崎で起こった出来事を並べてみた。すると、この時代の長崎が歴史上いかに大きな位置を占めていたかが歴然とする。長崎を今の長崎県にまで拡大すると、平戸にポルトガル船が初めて来航した1550年までさかのぼるが、ここでは西洋との貿易港として栄えた長崎、すなわち現在の長崎市を中心とした地域を考えることにする。

表の右わきに、日本の歴史上「戦国の三傑」と言われる人物を並べてみた。戦国時代の日本の覇者である信長・秀吉・家康の三人である。彼らはいずれも、地理的には日本の中心である尾張・三河（名古屋）で誕生した。ほとんど同時代人であり、秀吉は信長の3年後、家康は秀吉の6年後に生まれている。表からは、三傑の活躍の時期がそっくり「キリシタンの世紀」や「長崎の時代」と重なることが読み取れる。

戦国時代を生きた三傑は、宣教師たちとの交渉なしには政権の維持や拡張は困難であった。信長、秀吉、家康のキリシタンに対する態度と、彼らの終焉とを追いかけてみよう。NHK大河ドラマがくり返し取り上げる時代である。

戦国の三傑とキリシタン政策

戦国の三傑は、各人それぞれの考えでキリシタンとの関係を持った。織田信長は、一見、キリシタンに好意的だが、それは信長に敵対した仏教勢力の対立勢力として、キリシタンを見ていたこともあるだろう。敵の敵は味方である。正親町《おおぎまち》天皇は1565年、綸旨《りんじ》を出して、京都から宣教師を追放するよう命じた。わが国で最初のバテレン追放令である。それにも関わらず、信長は京都に南蛮寺建立を許し、安土城の隣にはセミナリオを建てさせた。巡察使ヴァリニャーノが計画した天正遣欧少年使節は、信長が狩野派の絵師に描かせた安土城の屏風絵を、ローマ教皇に届けている。イエズス会を庇護した信長は、天正遣欧少年使節が長崎港を出発した年、1582年、本能寺の変により死去した。

豊臣秀吉は、バテレン追放令を発し、日本26聖人殉教事件を引き起こしたので、アンチ・キリシタンととらえられることが多い。しかしバテレン追放令は、宣教師の追放が目的であって、禁教令ではない。大名は秀吉の許可が必要だが、庶民がキリスト教を信仰することは禁じていない。追放令としても不徹底なものであった。日本26聖人殉教事件は明らかな迫害だが、それはバテレン追放令が出ているにもかかわらず布教を始めたスペイン系修道会、とくにフランシスコ会に対する見せしめであり、控えめな行動をとっていたイエズス会に対しては保護的でさえあった。そこに秀吉個人の好悪が見え隠れしている。秀吉が死んだのは1598年、日本26聖人殉教事件の翌年のことである。

徳川家康は、1600年、関ケ原の戦いで日本の覇者となった。しかし大阪の陣（1614～1615）まではキリシタンを放置したので、この間のキリスト教徒の増加は著しかった。イエズス会に好意的であった豊臣秀頼を忖度したことが窺われる。だが1614年をさかいに禁教令は強化され、キリシタンの迫害と追放が始まった。長崎にあった11の教会や福祉施設（ミゼリコルディア、孤児院、ライ病院など）は1614年に大部分が、1620年までには残っていた全施設が破壊された。日本全国で活動していた宣教師やキリシタン、高山右近のような著名なキリシタン大名も、木鉢港や福田港からマカオやマニラへと追放された。「大追放」と言われる事件である。この際、宣教師の中には日本に潜伏するものがあり、ヨーロッパから新たに潜入する宣教師もあったが、最終的に全員が捕縛され、厳しい拷問により棄教ないし殉教した。一方、長崎の住人はほぼ１００パーセントがキリスト教徒であったが、その多くは棄教し、少数は潜伏キリシタンとなった。家康は「大追放」から2年後の１６１６年に死去し、つづく秀忠・家光はキリシタン迫害をさらに強化した。

世界規模の出来事

「長崎の時代」は歴史上で長崎がもっとも輝いた時代、世界に知れ渡った時代である。この時代以外で、長崎が世界に知られた事件は、１８６５年の「信徒発見」くらいだろう。開国後、浦上の隠れキリシタンが大浦天主堂で、フランス人神父に信仰の告白をした出来事である。厳しい迫害と禁教のもと、２００年にわたり、世代を越えて信仰を守った人たちがいた。そのことは西洋のキリスト教界にとって、まさに奇跡だったのだろう。「信徒発見」の報は世界をめぐった。だが総じて幕末・明治の長崎は、日本史としてはともかく、世界史として取り上げられることは少ない。鎖国のため世界から取り残された日本が、西洋と肩を並べようと悪戦苦闘する歴史が幕末・明治であり、日本人にはテレビ（たとえばＮＨＫ大河ドラマ）や小説（たとえば司馬遼太郎）で馴染みがある。ＮＨＫ大河ドラマの「維新の三傑」は、「戦国の三傑」と並んで人気がある。だが世界規模で見た場合はどうだろう。

ペリー来航に始まる幕末・明治。日本に対する西洋諸国の圧迫は一方的な力関係に終始し、日本は平身低頭、まるで巨人と赤子であった。西郷隆盛、大久保利通、木戸孝允は「維新の三傑」

と言われるが、「戦国の三傑」ほどのスケールはない。維新の豪傑たちは、いずれも世界には通用しなかった。そこが「戦国の三傑」との大いなる違いである。前者は日本史レベル、後者は世界史レベルということだろう。16世紀に出会ったポルトガルと日本には、総じて上下・強弱はなかった。彼らは鉄砲と一神教を手にして、日本刀と多神教の国へ来た。互いの文化文明に凸凹はあっても、基本的に対等な付き合いであった。一方、アメリカと日本には圧倒的な隔たりがあった。それは科学技術の程度であり、その原因は長い鎖国政策にあった。明治・大正・昭和を通じて、科学技術の遅れをとり戻すべく躍起となった日本は、否応なく戦争をくり返し、ついには原爆を落とされるに至った。皮肉にも「被爆都市」ということが、信徒発見を除けば、長崎が世界にもっとも知られる出来事になってしまったように思われる。

世界地図のなかの日本

当時の日本はヨーロッパでどの程度に知られていたのか。それを当時の世界地図に見てみよう。近代的地図製作者であるアブラハム・オルテリウスは、メルカトル図法の創始者であるゲラルドゥス・メルカトルの影響下に世界地図を作製した。メルカトルの世界地図は1569年、オルテリウスの地図は1570年に出版されている。

本項最後にある2枚の地図（P88）は、いずれもオルテリウスによる世界地図「世界の舞台」である。上は本書の第1章「発端」で紹介した世界地図の日本部分を拡大したもので、中央付近にIAPAN（日本）、下方にCANGOXINA（鹿児島）とある。地図には他にも地名が書かれているが、その詳細は特定できない。下は同じくオルテリウスが25年後の1595年に出版したもので、日本が1枚の地図に示されている。日本からの情報が急増し、西洋の興味が日本に向けられた結果とも考えられる。本州の中心にMIACO（都）、四国にTONSA（土佐）、九州にはBVNGO（豊後）と記されている。ポルトガル船の最初の寄港地であるFirando（平戸）はあるが、長崎は見当たらない。

ここで再度、最初の表（P81）を参照していただきたい。私が「長崎の時代」と名付けた70年のあいだに、長崎では二つの世界レベルの出来事があった。「日本26聖人殉教事件」および「天正遣欧少年使節」である。前者は日本のマイナスイメージ、後者はプラスイメージとして、広くヨーロッパに流布した。いうまでもなく、この二つの出来事は、長崎なしには語ることができない。この時代、日本は「長崎」をキーワードとして、世界中に知られていたのである。

参考文献

1 Charles Ralph Boxer: The Christian Century in Japan 1549-1650, Cambridge University Press, London. 1951.
2 オルテリウス『世界地図帳』臨川書店 1991
3 松本賢一編著『南蛮紅毛日本地図集成』鹿島出版会 1975

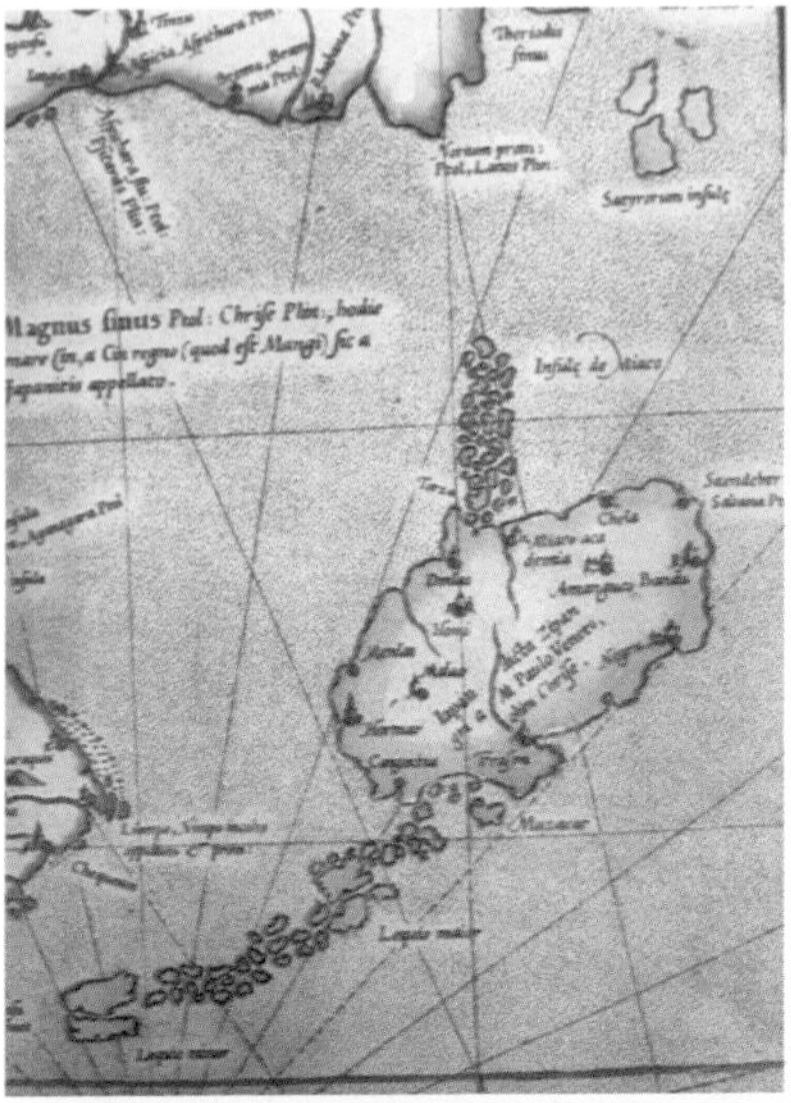

図　16世紀の日本地図（アブラハム・オルテリウス「世界の舞台」より）[2]
上は、地図製作者オルテリウスが1570年に出版した地図帳から日本部分を拡大したもの。下は同人が1595年に出版した日本地図。

3　南蛮屏風

現在、世界に90点ほどの「南蛮屏風」が確認されているらしい。それらを集めた画集『南蛮屏風集成』を開くと、そこに16世紀から約１００年間にわたって日本へ渡来した南蛮人と日本人との交流が生き生きと描かれている。当時の日本と西洋には、鎖国後とはまったく異次元の付き合いのあったことが納得のもとに理解される。長崎は西洋人が自由に行きかう「国際貿易都市」であった。

長崎を闊歩した南蛮人

１５４３年、３人のポルトガル人が日本にはじめて鉄砲を持ちこんだ。１５４９年スペイン人のザビエルはキリスト教をはじめて日本にもたらした。「南蛮人」とは通常、ポルトガル人とスペイン人をいうが、統一国家ではないもののイタリア人を含めていうこともある。一方、オランダ人およびイギリス人は「紅毛人」とよばれた。「南蛮屏風」はあっても、なぜか「紅毛屏風」というものには出会わない。

南蛮人は日本を自由に歩き回ることができた。一方の紅毛人（とくにオランダ人）は、平戸

巡察師ヴァリニャーノ、杖をついた老人は盲目の琵琶法師であったロレンソ了斎であろうという。前方にいる黒服・黒帽の人物たちはイエズス会、後方の腰ひもに素足の人物たちはフランシスコ会の宣教師を描いている。

南蛮屏風(神戸市立博物館所蔵、部分)[1)]
狩野派の絵師である狩野内膳が16世紀末ころに描いた屏風の一部。二十六聖人記念館の初代館長パチェコ・ディエゴ(結城了悟)によれば、先頭にいるのはイタリア人

商館にいた間は別として、出島に閉じ込められてからは自由の身ではなかった。だから南蛮屏風のような絵にはならなかったのだろう。出島は体《てい》のいい牢獄である。だからオランダ人は楽しくもなかったが、金もうけができたから我慢した。オランダ東インド会社が出島貿易で得る利益がどれほどのものだったかは、彼らが毎年、出島の土地借用代金として1億円相当額を支払っていたことから推測できる。1回の航海につき1億円をはるかに超える利益がなかったなら、オランダ人ははるばる日本まで来なかったはずである。ポルトガル人たちが支払っていた出島の土地代（銀80貫）は、オランダ人（銀55貫）よりさらに高額であった。ポルトガル人が出島に閉じ込められた期間は、出島が完成した1636年から追放されるまでのわずか3年間にすぎない。彼らは日本中を自由に歩き回ることができた。出島以前のポルトガル人の様子は、南蛮屏風の中に生き生きと描かれている。

「南蛮屏風」の魅力は、その絢爛さ豪華さにある。大地と天空（雲）は金色、海は漆黒である。左隻にリスボンを出航するポルトガル船（黒船）の威容、右隻に日本（長崎）に到着して荷揚げ作業をする場面が描かれる。黒船の最高責任者（カピタン・モール）は赤や金色の服をまとい、黒人が後ろから傘をさしかける。彼らはカピタン・モールを先頭に長崎の市中を行進する。それを出迎えるのは、イエズス会やフランシスコ会の宣教師である。上級船員の派手な服装に対して、イエズス会宣教師たちは黒いマントに黒い帽子と地味な服装だが、威厳のある立ち姿をしている。清貧を旨としたフランシスコ会は裸足で歩いている。隆々としたアラビア馬にまたがった商人、象の背や輿《こし》で運ばれる上流の人たち。黒人の召使いや、珍しい動物や鳥を入れた檻をかつぐ黒人もいる。グレイハウンドらしい細身の犬が走り回る。ポルトガル人と比べて小さな日本人たちも楽しげに対応している。キリシタンの教会が描かれ、そこではキリスト教の儀式が行われている。画面いっぱいに明るさが横溢し、人々のざわめきが聞こえてきそうである。当時の様子がよくわかる屏風をいくつか紹介しよう。

1　狩野内膳筆『南蛮屏風』神戸市立博物館蔵

さて本項冒頭の南蛮図（Ｐ90～91）は、神戸市立博物館所蔵「南蛮人渡来図屏風」六曲一双の一部である。左隻には南蛮を出発する黒船が描かれ、右隻は日本の港の様子を伝えている。つまり、左隻は想像図であるが、右隻については、長崎到着の実景と思われる。現存する南蛮屏風の中でもっとも優れた作品とされ、作者は落款等から狩野内膳と推測されている。彼は絵師として豊臣秀吉に仕え、朝鮮出兵のころ長崎に来たことがあるらしい。長崎の素封家で、南蛮屏風の収集家でもあった永見徳太郎は、長崎あるいは堺を描いたものであろうと書いている。屏風はきらびやかな金彩で描かれ、南蛮人と日本人の自由な交わりの様子が見て取れる。

黒いマントに身を包んでいるのはイエズス会士で、腰ひもをつけた裸足の人物はフランシスコ会士である。杖をつき腰の曲がった老人が描かれているのは「ロレンソ了斎」と考えられている。彼は平戸出身の琵琶法師で、盲目であった。好奇心に富んだ、弁舌巧みな人物だったようで、フランシスコ・ザビエルに見いだされ、優秀な宣教師として活躍した。ザビエルが日本で最初期に見つけた人物である。二十六聖人記念館初代館長のパチェコ・ディエゴ氏（結城了悟）は、特別に背の高い先頭のイエズス会宣教師をヴァリニャーノと想定している。彼はイエズス会の巡察師で、日本での布教には日本人司祭が必要と考え、セミナリオ、コレジオなどを建設し教育に力を注いだ。また天正遣欧少年使節をローマに送ったことでも知られている。屏風に描かれている日本人や南蛮人に恐れや不快などの表情は皆無で、互いに違和感なく付き合っている様子が伝わってくる。

日本における布教保護権はポルトガルに与えられていたが、修道会そのものは特定の国に所属するわけではなく、イエズス会にはポルトガル人（ルイス・アルメイダやルイス・フロイス）、スペイン人（ザビエルやトルレス）、イタリア人（ヴァリニャーノやオルガンティーノ）が混在していた。イエズス会は日本布教を40年にわたって独占したが、その後、スペイン系の修道会（フランシスコ会、ドミニコ会、アウグスチノ会）が日本布教に参画するようになった。後方の腰ひもを付けた二人はフランシスコ会宣教師と考えられる。フランシスコ会は、イエズス会よりさらに清貧をとなえた修道会で、服装は質素であり、素足であることが特徴である。彼らはイエズス会とは相いれない場面も少なくなかった。やがてフランシスコ会は秀吉の怒りを買い、日本26聖人殉教事件を起こすことになる。カピタン・モールをはじめとする上級船員たちの多くはポルトガル人と想定されるが、色の白さ黒さに個人差がある。よく見ると、黒人にもアフリカ系とインド系がいるようである。アラビア馬を扱うのは中東あたりの人物のようにも感じられる。当時の長崎は、これら世界中の多様な人種が集まる自由都市だったのである。

2　伝狩野光信筆『南蛮屏風』南蛮文化館所蔵

次の絵（P96～97）は、大阪にある私設南蛮文化館所蔵「紙本着色南蛮人渡来図 六曲一双（重要文化財）」の一部で、これも著名な南蛮屏風である。左から今まさに上陸してきたカピタン・モール、右には出迎えるイエズス会宣教師たちが描かれている。カピタン・モールは船隊の指揮官であり、通商の全権をポルトガル王から与えられていた。裾のすぼまった独特のズボン、赤、青、緑と派手な色の服装、鼻ひげや顎髭は当時のおしゃれである。カピタン・モールの後方からは黒人が大きくて赤い傘を差しかけている。一方、彼らを迎えるのは、黒いマントのイエズス会宣教師たちで、とくに二人目の宣教師がイエズス会の上位の人物である。眼鏡をかけていることから、フランシスコ・カブラルが思いうかぶ。ルイス・フロイスによれば、カブラルは眼鏡をかけており、群衆が眼鏡みたさに押し寄せたという。カブラルは、ザビエル、トルレスに続いて来日したイエズス会3人目の日本布教長である。厳格な性格で清貧を好んだが、日本人の能力を過小評価したので、日本人宣教師からは嫌われた。カブラルは日本人との融和・適応を目指す巡察師ヴァリニャーノと合わず、やがて日本を去ることになる。

たちが出迎えている。後ろの土産物屋から日本人女性がのぞいている。生き物として、アラビア馬、孔雀、山羊、子犬（または麝香猫）などが描かれている。

南蛮屏風（大阪南蛮文化館所蔵、部分）[1]
狩野光信の作品と考えられている。黒船から上陸したカピタン・モール一行をイエズス会の宣教師

狩野内膳筆『南蛮屛風』リスボン国立古美術館蔵、部分
金の鎖を身につけているのは上級船員である。後ろには傘をさしかける黒人がいる。中央と右下の人物がかけているメガネはサングラスだろうか。

狩野道味筆『南蛮屏風』リスボン国立古美術館蔵、部分
積荷の降ろし作業をする人たち。1人を除いて、みんな黒人である。

3　狩野内膳筆『南蛮屏風』リスボン国立古美術館蔵
4　狩野道味筆『南蛮屏風』リスボン国立古美術館蔵

いずれもリスボンの古美術館の所蔵品である。日本が所蔵する南蛮屏風と比べて、人物描写に優れているように思われる。南蛮屏風はどれも一定の形式を守りながら描かれている。左隻にポルトガルから黒船（ナウ）が出港する場面があり、右隻には日本（長崎）に到着し上陸する場面がある。指揮官であるカピタン・モールは傘をさしかける黒人とともに行進する。彼を囲んで歩くのは上級船員で、その服装はきらびやかである。行く手には宣教師たちが待ち受ける。背後には教会が描かれ、中では祈りの儀式が行われている。道端には土産物屋があり、暖簾の隙間から日本人が珍しそうに行列を見ている。

上級船員たちの肌色は白ないし薄い褐色で、派手な服装にさまざまな種類の帽子をかぶっている。たっぷりと膨らんだズボン（カルサン）、それに引き換えぴっちりとボタンで留めた上衣（ジバン）、合羽（カパ）をひっかけたものもいる。椅子にくつろいで、キセルで煙草をふかすもの、ワインを飲む者もいる。一方で、積み荷を船から降ろしたり、運んだりするのは、すべて色の黒い人たちである。檻に入れた動物や大きな壺を運ぶ黒人がいて、ペルシャ馬をあやす人もグレイハウンドを手なずける人も黒人である。肌がまっ黒な人もいれば褐色の人もいる。縮れた髪の人、中国人風の帽子の人、日本人のようにねじり鉢巻きの人もいる。汗だくで働く黒い人たちを横目に、白い肌の上級船員は決して力仕事には手を染めない。そこには、はっきりと身分や立場の違いが描かれている。道端には日本人が立ち止まり、珍しそうに南蛮人の行進をみている。刀を差した侍もいれば、手をつないだ親子もいる。奴姿《やっこ》の中間《ちゅうげん》がいれば、扇子で顔をあおいでいる人もいる。

南蛮船が到着した時の長崎は、にぎにぎしくも慌ただしい、人種のるつぼであったに違いない。

奴隷たち

ポルトガルは日本へ来る以前から、アフリカやアジアで奴隷狩りをしていた。奴隷たちは本国へ連行され、言葉を教えられて使役された。人口がわずか100万人くらいだったポルトガルは、海上帝国の維持のためにも奴隷を使ったはずである。彼らは、アフリカやインドや日本を含む東アジアの人たちを奴隷にしたので、長崎には多様な人種の人たちが来航した。南蛮屏風には、髪や肌の色、顔のつくり（目、鼻、口）の異なる人たちが描かれている。彼らは世界各地で捕獲された奴隷たちではないだろうか。

萩原弘子氏は南蛮屏風に描かれた黒人の数を計算している。それによると、神戸市立博物館所蔵『南蛮屏風』に描かれた船員218人中67人（30・7％）、大阪南蛮文化館所蔵『南蛮屏風』では136人中41人（30・1％）が黒人であるという。この数字が実際の船員であるなら、船員の3人に1人は黒人だったことになる。渡辺京二氏『バテレンの世紀』によれば、ゴア・マカオ・長崎を結ぶ大船の場合、上級船員と十数名の兵士以外の乗船員はすべてアジア人か黒人だったという。南蛮屏風には、長崎で行われた貿易の様子だけでなく、人種差別や搾取や人身売買など、当時の裏の世界も描かれている。南蛮屏風はポルトガル時代の長崎のありさまを映し出す「写真」としても大事なものなのである。

日本人奴隷

ルシオ・デ・ソウザ氏と岡美穂子氏の共著『大航海時代の日本人奴隷』には、日本人が売買されていたことが書かれている。私は、さっそく二人から話を聞いた。驚いたことに、長崎には奴隷市場が存在し、毎年1，000人以上の奴隷がマカオへ送られていたという。一方で、南蛮船（ナウ）の船員としてアフリカやアジアの多くの奴隷が長崎に来ていた。日本とヨーロッパには、奴隷たちの往来も存在したのである。

1592年に朝鮮出兵が始まると、多くの女性が日本へ連行され、その結果、長崎の高麗町・今石灰町・新紙屋町などに遊郭街が生まれたという。清逸《せいいつ》であるはずのキリシタンの町が、その裏では、人間の売り買いがなされていた。そこにはイエズス会も関与していたというのである。彼らの本は、長崎の歴史を考えるうえで新しい視点を私に与えてくれた。日本人奴隷の存在は、豊臣秀吉がバテレン追放の理由のひとつに挙げている。奴隷のなかには日本で言う「年季奉公」のような事例もあると言うが、それにしても、キリシタンの町であった長崎が、裏では奴隷市場であったというのは、さまざまな反対があり禁止令が出されていたとしても、目を背けてはならない歴史ではないだろうか。

参考書

1　坂本満ほか編著『南蛮屏風集成』中央公論美術出版 2008

2　永見徳太郎編著『南蛮屏風の研究』工芸社 1930
3　結城了悟『ロレンソ了斎』長崎文献社 2005
4　ルイス・フロイス（松田毅一ほか訳）『日本史』中央公論社 1978
5　マリア・エレナ・メンデス・ピント（日埜博司編訳）『南蛮屏風』リスボン国立古美術館 1993
6　萩原弘子「南蛮屏風の黒人図像」異文化研究2：107-116　2008
7　渡辺京二『バテレンの世紀』新潮社 2017
8　ルシオ・デ・ソウザ、岡美穂子『大航海時代の日本人奴隷』中央公論新社 2021

敷地は高い塀に囲まれ、正門と別に勝手門がついている。黒服に身を包んだイエズス会宣教師たちがいて、彼らのための住居がある。敷地の外には、板葺きの2階建ての家と貧しい平屋が見えている。

4 岬の教会

「岬の教会」南蛮渡来風俗図屏風（逸翁美術館蔵）、一部
長崎湾の高台になった岬の先端に、イエズス会の教会があった。何度か建て替わった教会は総称して「岬の教会」とよばれている。日本風に縁側の付いた教会の瓦葺きの屋根には十字架がある。

「岬の教会」と秀吉の人生

現在「岬の教会」と呼んでいる歴史上の建造物は、じつは単一ではない。同じ場所に建っていた、同じ大きさの、同じ教会ではないのである。「岬の教会」は、長崎の支配者が変わるたび、幾度も破壊と再建をくり返した。小さな山城の主・長崎甚左衛門⇓肥前のキリシタン大名・大村純忠⇓イエズス会日本布教長・フランシスコ・カブラル⇓日本の王者・豊臣秀吉。長崎の支配者は何度も移り変わった。そのたびに教会は名前を変え、姿を変えた。そのような「岬の教会」の境遇は、何となく秀吉の人生に似ているように思えてくる。

豊臣秀吉には英雄に特徴的な出世譚がある。尾張の百姓に生まれ、日吉丸として成長し、盗賊の蜂須賀小六に出会い、父親の姓とされる木下藤吉郎を名のり、信長に仕えて草履取りとして可愛がられた。織田家では、先輩である丹羽長秀と柴田勝家から一字ずつもらい羽柴秀吉と称した。信長が殺されると、丹羽を手なずけ柴田を倒して頂点に立った。関白になると藤原氏(元は平氏と言っていた)に改姓したが、さらに太政大臣となり、1585年、秀吉は源平藤橘につづく5番目の新しい氏《うじ》として「豊臣氏」を天皇から下賜された。彼は豊臣秀吉となって位人臣をきわめたのである。のちに関白を甥の秀次にゆずると、自らは太閤殿下となった。このように秀吉は出世魚のごとく、立場を変えるたびに名前を変えていった。「岬の教会」にも似たような経緯がある。

歴史に翻弄された「岬の教会」

長崎の発展は1571年、南蛮船入港および長崎の町建てとともに始まった。「岬の教会」はそのシンボルである。当時、海中に突き出た岬であった高台は、三方を海に囲まれた要害であり、キリシタンだけが住むことを許された聖地であった。当然、そこにはキリスト教の象徴としての教会がなければならない。長崎港にポルトガル船が入ると、船乗りは教会で秘跡を受けた。マカオから運ばれた積み荷が降ろされ、教会の土地で取引が行われた。無名の僻地であった長崎が貿易港として発展すると、教会の規模もまた増大した。

1　サンタ・マリア教会

1570年、イエズス会のフィゲイレド神父は長崎港の水深を計測し、そこが良港であることを確認した。彼は岬の先端に小さな教会を建てた。それが最初の岬の教会「サンタ・マリア教会Santa Maria」である。そこは長崎氏の知行する土地であったが、領主の大村純忠からイエズス会に貸与されたのである。長崎在住の神父はわずか2，3人であり、教会もイエズス会士の家も小さかった。

1580年、大村純忠は岬と周辺の土地をイエズス会に寄進した。つまり、その場所は教会領になった。この時から､急速な町の発展がはじまった。長崎は､最初の六町(嶋原町､大村町､平戸町、横瀬浦町、外浦町、ぶんち町）から、周辺の博多町、樺島町、五島町へと広がった。イエズス会は、それらの町と教会を強固な塀や堀で囲み、寄進された土地を要塞化した。周辺の仏教徒による攻撃に備えたのである。

1582年、巡察師ヴァリニャーノは、信長の了解のもと、天正遣欧少年使節を長崎からローマへ送った。同じ年、織田信長は本能寺の変により死去した。

2 被昇天の聖母教会Ⅰ

1585年頃の長崎は、居住するキリシタンの数が急増し、サンタ・マリア教会は何度か建て増しされたが、それでもより大きな教会が必要であった。そこで最初の教会とは別の場所に新しく大きく美しい2番目の岬の教会「被昇天の聖母教会 Our Lady of Assumption」が建立された。岬には、新しい教会と古い教会が並んで建っていたのである。

1587年、豊臣秀吉は九州征伐に際してバテレン追放令を発し、教会領になっていた長崎・茂木・浦上を没収して公領とした。この際、京都の南蛮寺は破壊されたが、長崎の教会は辛うじて生き残ることができた。イエズス会は静かに復活の時を待った。しかし秀吉の征服欲は国外にまで向けられる。

1592年、秀吉が朝鮮出兵のため名護屋に軍勢を進めると、長崎の両教会は解体され、築城の資材として名護屋へ運ばれた。教会の土地はすべて没収され、「岬の教会」は、この時にいったん完全に消滅したのである。

3　サン・パウロのコレジオの教会

１５９３年、没収された土地の２／３が返還された。さっそくイエズス会は、３番目の岬の教会「サン・パウロのコレジオの教会 Church of the College of Saint Paul」を建てた。目立ち過ぎぬよう、教会の大きさは中程度であったらしい。１／３の土地は市民との共用とされた。教会とコレジオ（大神学校）は、どちらも「サン・パウロ」と名付けられた。イエズス会準管区長コエリョは、教会の敷地内にイエズス会のための建物を少しずつ増やしていった。コエリョが軍備を進めていたという証言も残っている。

１５９７年、日本26聖人殉教事件があった。翌年、秀吉が死去すると、キリシタンたちはたいへん喜んだそうである。１６００年に関ヶ原の戦いがあり徳川が勝利した。それから10年ほどは、豊臣と徳川との微妙で不安定な関係が長崎に無風状態を生じさせていた。日本のキリシタンは、この時期に急増した。迫害者である秀吉が死去し、徳川がキリシタンを静観していたことと、スペイン系修道会の新たな参入がキリシタン急増を後押ししたようである。

4　被昇天の聖母教会Ⅱ

１６００年、市民との共用であった１／３の土地がイエズス会に返還されたことを契機に、最後の「岬の教会」の建造が開始され、翌年には完成した。これが最も著名な「被昇天の聖母教会Our Lady of Assumption」である。2番目の岬の教会と同じ名前が選ばれた。建物は長方形で、大きさは縦横が44×22メーター、広さは24×12畳であり、日本最大の教会であった。教会の周囲3方には、日本人に好まれるようにと縁側が設けられた。

1603年、3つの鐘と大きな時計の付いた鐘楼が建てられた。時計の文字盤は西洋と日本の文字の両方で書かれており、さらに昼（太陽）と夜（月）が表示された。教会には、高貴な客のための座敷や庭も整えられた。また茶の湯のための部屋が備えられていたようである。

1614年、徳川は「鎖国」政策を明らかにする。そして外国人宣教師のみならず、高山右近をはじめ、著名な日本人キリシタンも国外追放された。「大追放」とよばれる出来事である。長崎にあった11の教会が破壊された。「岬の教会」も例外ではなく、平戸藩によって破壊され、火を付けられた。平戸は長崎に貿易港のうまみを奪われたので、嬉々として教会を破壊したことであろう。

それにしても、「岬の教会」跡地の発掘調査からは、教会の遺物は何ものも発見されていない。はたして「岬の教会」は根こそぎ破壊されつくしたのだろうか。あるいは地下深く、発掘される日を今も待っているのであろうか。

十字を切る武士（大阪南蛮文化館所蔵、部分）
重要文化財　伝狩野光信筆《南蛮屏風》右隻

参考文献

1　ベビオ・アマロ：港市長崎におけるキリシタン施設に関する研究。東京大学大学院工学系研究科（博士論文）
2　ディエゴ・パチェコ『九州キリシタン史研究』キリシタン文化研究会 1952
3　坂本満ほか編著『南蛮屏風集成』中央公論美術出版 2008

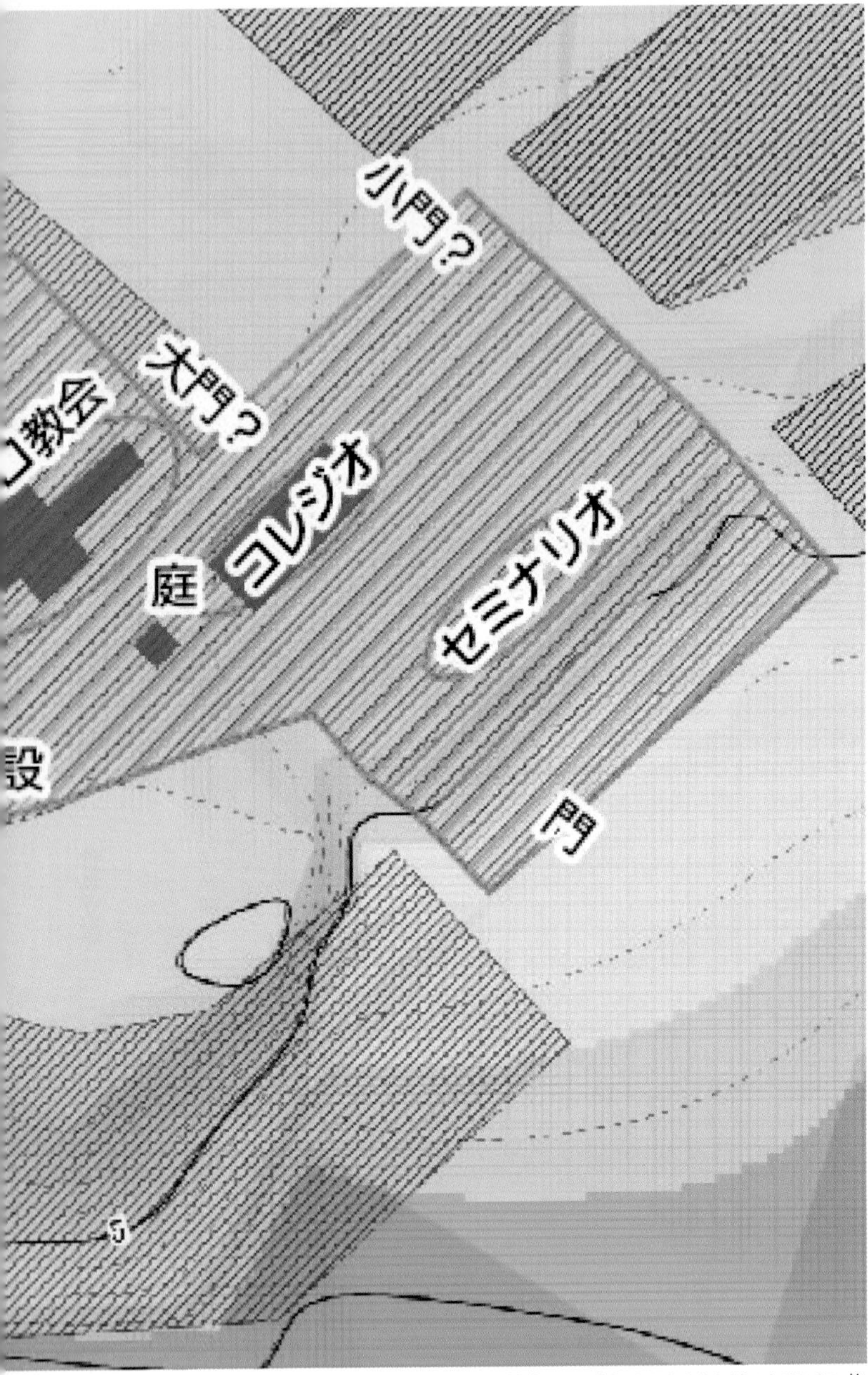

ら飛び出すように建設された。同地には、サン・パウロ教会、コレジオ、セミナリオなどのキリシタン施設が併存した。

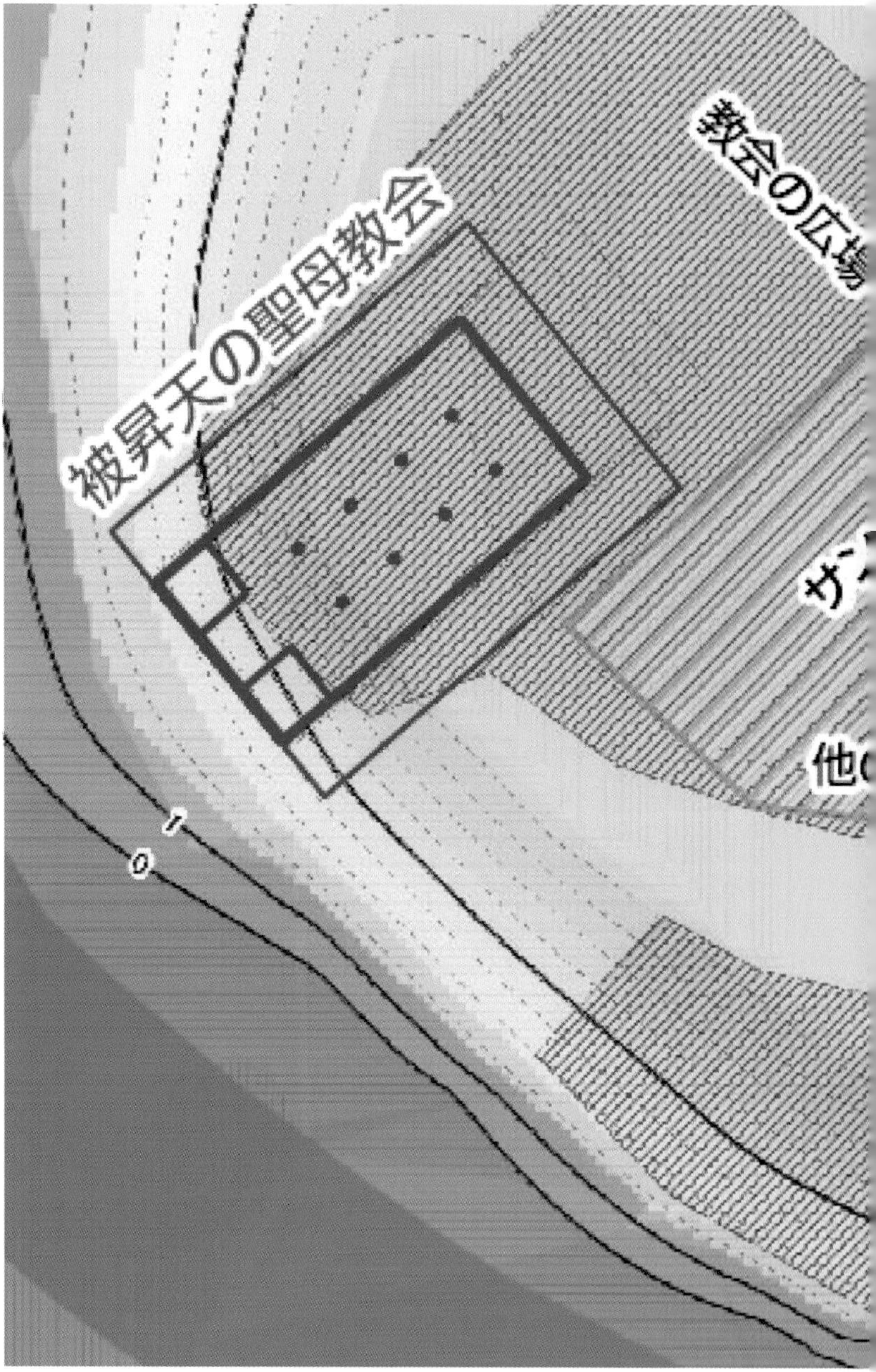

1614年における「岬の教会」とイエズス会施設（参考文献1）より引用改変）
この図は、長崎歴史研究者アマロ氏から提供を受けた。1614年における長崎の岬を描いている。岬の西側は東側より突き出しており、その場所に最後の「岬の教会（被昇天の聖母教会）」は崖か

5 日欧比較

干し柿と干し無花果《いちじく》
カキは東アジア原産、イチジクは西アジア原産である。これらの優良な果樹は、東西の交流にともない、ポルトガルと日本、各々の国へ持ち込まれた。写真のカキ（左）は佐賀県産、イチジク（右）はトルコ産である。いずれも乾燥食品（ドライフルーツ）にしてある。

カキとイチジク

16世紀の長崎では、盛んに東西交流が行われていた。ポルトガルから長崎へ、白人の上級船員や兵隊や宣教師、さらにアフリカやアジアの奴隷たちを乗せて黒船（ナウ）が来航し、長崎からは4人の少年使節がヨーロッパをめざした。そして自国に存在しないものを持ち帰った。互いの文化文明を交換し合ったのである。

ルイス・フロイスの『日本史』に、「信長は自ら飲んでいた同じ茶碗から（フロイスに）二度茶を飲ませ、日本で珍重される美濃の干した無花果《いちじく》〝figo〟を与えた」と書いた場面がある。私は「干した無花果」に違和を覚えた。今もそうだが、干し柿は美濃（岐阜）の名産である。だから、信長はフロイスに美濃名産の干し柿を与えたのであろう。そう思った。ポルトガルに東アジア原産の柿は存在しなかった。だからフロイスは、「柿」のことを他の植物（ここでは無花果）で表現したのである。そこまでは理解できた。だがなぜ「無花果」なのか。「カキ」と「イチジク」のどこがどう似ているのか、それが腑に落ちなかった。私はイチジクが好物だが、干して食したことがない。

私は1603年に長崎で印刷された『日葡辞書』を開いてみた。すると〝Caqi〟として「林檎に似ている日本の無花果《いちじく》」とあり、「干し柿が西洋の無花果に似ている」と書かれていた。私は次のように解釈した。通常、日本ではイチジクを生食する。だが西洋ではイチジクがドライフルーツとして売ってある。西洋のイチジクは干して食べるのである。つまり信長がくれた美濃の「干し柿」は、西洋の「干し無花果」に似ていた。だからフロイスは、初めて見た干し柿のことを干し無花果と表現したのであろう。114ページに、「干し柿」と日本に輸入された「干し無花果」とを並べてみた。確かによく似ている。

天正遣欧少年使節をヨーロッパまで引率したメスキータ神父は「私はリスボンから日本へイチジクの木を持ってきた」と手紙に書いている。彼は天草のセミナリオ院長や、その後は「岬の教会」にあったセミナリオ院長もしていた。彼はそこに農園を持っており、植物栽培に詳しかった。おそらく4人の少年たちを引率してヨーロッパへ渡ったとき、挿し木用の苗として、イチジクを日本まで運んだのではないだろうか。イチジクは遠く海を渡って、4人の少年たちと一緒に日本へ来たことになる。

「熊本県天草観光ガイド」によれば、天草ではイチジクを「南蛮柿」とよぶそうだ。それは南蛮渡来の「柿に似た植物」を日本で最初に天草に植えたからだという。イチジクはメスキータ神父により、世界を半周して日本に持ち込まれ、珍しく美味しい植物として珍重されたのではないだろうか。やがてイチジクは日本中へ広まった。

以上はイチジクが世界をめぐる話である。一方、東アジア原産のカキは日本からポルトガルに伝わったというから、カキとイチジクはそれぞれ、逆向きに世界を巡ったことになる。

柿の学名は日本名そのままに〝kaki〟である。

長崎に住んでいたスペイン商人のアビラ・ヒロンは、1595年にメキシコからもたらされたオリーブやマルメロが長崎に植樹されていることを書いている。いつの時代、どこの世界にも、メスキータ神父のような植物の好きな人がいる。彼らは、さまざまな植物の種や挿し木を運んで、新しい土地に、それまでなかった植物を繁殖させたのであろう。メスキータ神父は、日本にないイチジクを、なんとしても食べたかったのかも知れない。

観察者

ルイス・フロイスは１５６３年に来日すると、大村純忠からイエズス会に寄進されていた横瀬浦に上陸した。そして１５９７年までの34年間を日本で過ごした。彼は生まれついての文筆家であり、著名な『日本史』のほか、日本人と西洋人の風俗を比較した『ヨーロッパ文化と日本文化』、死の間際には『日本26聖人殉教記』を書き残した。『日本史』にはフロイスの目に映った出来事が生き生きと描写されており、私たちに当時の日本の様子を教えてくれる。一方の『ヨーロッパ文化と日本文化』に目を通せば、当時の日本人と西洋人のありさまをうかがうことができる。彼の筆は権力者に対しても直截《ちょくせつ》で、司祭としてはともかく個人としての忖度《そんたく》は感じられない。その鋭い観察眼は、信長と秀吉をどのように見たのだろうか。

織田信長は声に特徴があったようで、『日本史』に「背丈は中くらいで華奢、ひげは薄く、声ははなはだ快調」と書いている。また「信長は尋常ならぬ大声の持ち主であった」とあり、直訳すると「信長は異常なほど大きなオルガンの音を持っていた」となるらしい。おそらくは高く細く鋭い声で、威圧的な物言いをしたのではないだろうか。

　豊臣秀吉についての記述は、あまり好意的とはいえない。フロイスは「秀吉は身長が低く、醜悪な容貌で、片手に六本の指があった」と書いている。前田利家も「太閤様は右手親指がひとつ多くあった」と証言しているらしいので、事実無根ではないだろう。秀吉はバテレン追放令を出したので、キリシタンからの評判は良くなかった。ただし日本26聖人殉教事件はフランシスコ会に対する見せしめであり、イエズス会の宣教師に対しては同情的でさえあった。殉教のあった1597年、フロイスは「岬の教会」で伏せっていたが、最期の力を振り絞って『日本26聖人殉教記』を書き残した。西坂での処刑の様子を遠目に見ることができたのかも知れない。同年、ルイス・フロイスは昇天した。来日の地である横瀬浦には彼の肖像が、長崎の万才町には彼の名を冠した「フロイス通り」がある。最高の日本通であり、観察者・記録者であった。

　次に『ヨーロッパ文化と日本文化』に目を通すと、そこに好奇心旺盛なフロイスが、見て感じとった当時の日本人が生き生きと描かれている。いくつか拾ってみよう。

「ヨーロッパ人は大きな目を美しいとしている。だが日本人はそれをおそろしいものと考える」「日本人にはヨーロッパ人の白い目（薄い色の虹彩）が珍しく、奇怪に思うらしい」日本では黒目・黒髪、西洋は碧眼・金髪を好んだ。

「われわれには痘痕《あばた》は少ない。日本では普通であり、多くが失明する」これは天然痘のことで、しばしば失明した。軽くとも顔に痘痕が残った。天然痘は種痘の予防接種により1980年に撲滅された。

「われわれは顔の刀傷をきらう。日本人は誇りとして治療をしないので、一層醜くなる」顔の傷は正面から敵と戦った証しであり誇りとされた。

日本女性の立場については以下のように書いている。

「ヨーロッパでは財産は夫婦で共有する。日本では各人が自分の分を所有する。時には妻が夫に高利で貸付ける」「ヨーロッパでは夫が妻を離別する。日本ではしばしば妻が夫を離別する」「日本の妻や娘は、夫や両親の断りなしに好きなところへ出かける自由がある」男女同権だったのか、人が今よりおおらかだったのだろうか。

「日本人は毛抜きで頭髪を抜く。苦痛で涙を流す。男は後頭部に一束の髪を残す」日本の月代《さかやき》の風習を不可解なものに思ったのであろう。

「われわれはすべて手で食べる。日本人は二本の棒を用いて食べる」17世紀までのヨーロッパ人は食事を手づかみで食べていた。

「われわれは拇指または食指で鼻孔を綺麗にする。彼らは鼻孔が小さいために小指を用いておこなう」フロイスの観察眼は鼻のほじり方にまで及んでいるのが愉快である。

白人か黒人か

16世紀の日本に来た西洋人は、ポルトガル・スペイン・イタリアの人で、彼らの国は天竺（インド）より遠いというので、日本では「奥天竺（おくてんじく）」などと呼ばれていた。彼らはすべて白人である。だが彼らはアフリカやアジアで奴隷にした黒人を連れていた。それではヨーロッパ人にとって、日本人の皮膚の色はどう見えただろうか。いくつかの証言を紐解いてみよう。

フランシスコ・ザビエルは、はっきり「日本人は白人である」と言っている。ザビエルは、マラッカで初めて日本人に出会った。ヤジロー（ないしアンジロー）という男で、鹿児島から来た武士階級の人物だったようである。彼は人殺しをしており、魂の救いを求めていた。インドや周辺の国を廻って宣教活動をしていたザビエルにとって、ヤジローは相当に優秀な人間に思えた。ザビエルはヤジローのような論理的人間が住んでいるなら、ぜひ日本へ行きたいと思った。日本人に対する強い期待があったのである。

ルイス・フロイスもまた「日本人は色が白い」と述べている。フロイスは日本の各地で宣教活動を行った。織田信長や豊臣秀吉や足利将軍のような、日本の上層の人物にも多く会ったが、それ以上に各地の普通の日本人たちと話をしたはずである。異国から来た宣教師の中には日本人と対立し、日本を去る人、国外追放になる人もあった。フロイスは30数年を日本で過ごした。彼は日本が、日本人が気に入ったのであろう。「岬の教会」の地で最期を迎えた。

長く長崎に住んだスペイン商人のアビラ・ヒロンは「この国の人々（男）は風采がよく、色白で頭髪は黒く顎髭が少ない。女は色白で、多くは目鼻だちがよく、美しくてしとやかな様子の者が多い」と書いている。その文章からは、いかにも日本人のファンであったことが判然とする。ただし、フロイスもそうだが、結婚した女性の「おはぐろ」については顔をしかめている。

ポルトガル語より日本語が上手と言われたジョアン・ロドリゲス神父は「日本人は白色人であるが北方人種ほど白くはない」と述べている。彼は10歳代で日本へ来て、仲間から「ツズ（通詞）」とよばれるほど日本語に堪能であった。秀吉・家康の交渉役でもあり、茶の作法に通じるほどの日本通であった。日本語の文法書『日本文典』を残した。

巡察師アレッサンドロ・ヴァリニャーノによれば「日本人は色白で優秀」であると言う。日本に3回にわたって渡来し、天正遣欧少年使節をローマへ送り、日本人司祭による宣教を考え、そのための教育機関（セミナリオ、コレジオ）を設立した。日本人の歴史・慣習・性質を重視し、それに適応した布教をめざした。

第3代日本布教長フランシスコ・カブラルは「日本人はネグロ（黒人）で醜い」と言ったそうだ。「ネグロ」という言葉は、当時も今も蔑称である。

この時代、「人種」という概念は存在していない。黄色人種もなければ白色人種も黒色人種もなかった時代である。ポルトガル人が日本人を「白い」というのは「黒くない」というくらいの言葉であっただろう。だが「ネグロ」という言葉だけは当時から意味を持って使用されていた。ルシオ・デ・ソウザ氏と岡美穂子氏との共著『大航海時代の日本人奴隷』によれば、「本来『黒色』を表すこの言葉は当時、『奴隷』の同義語でもあり、決して黒褐色のアフリカ人奴隷のみを指すわけではなかった」という。つまりカブラル神父は、日本人を奴隷と見ていたということにならないだろうか。彼はヴァリニャーノの適応主義を否定し、日本人から司祭を出すことに反対であった。日本人が嫌いであり、日本人からは嫌われた。やがてヴァリニャーノと対立し、ついには日本を出ることになった。

カブラルの名誉のために付け加えておくが、彼は後にインド管区長になっている。カブラルが厳格で優秀な宣教師であったこともまた間違いないことである。

参考文献

1 ルイス・フロイス（松田毅一・川崎桃太訳）『日本史』中央公論社 1978
2 土井 忠生ほか編訳『邦訳日葡辞書』岩波書店 1995
3 アビラ・ヒロン（佐久間正ほか訳）『日本王国記』岩波書店 1965
4 ルイス・フロイス（岡田章雄訳）『ヨーロッパ文化と日本文化』岩波文庫 1991
5 ルシオ・デ・ソウザ、岡美穂子『大航海時代の日本人奴隷』中央公論新社 2021

日本人とポルトガル人（狩野道味筆とされる南蛮屏風より一部引用）
日本人とポルトガル人がくつろいだ表情で会話をしている。両国には1549年以来の長いつきあいがあったし、長崎には多くのポルトガル人が住んでいた。だから当時の長崎では、日本語とポルトガル語が普通に飛び交っていたことだろう。この絵からは、そんな身近な雰囲気が伝わってくる。

6 要塞都市

マニラ港の要塞
1609年、港町（カビテ）を保護するために建設された。（ウィキペディア（wikipedia）より引用）

長崎が選ばれた理由

大航海時代に世界の覇者であったポルトガルが日本の拠点として選んだのは長崎であった。日本人が気づかずにいた土地をポルトガル人はなぜ気に入ったのだろうか。ポルトガルが海上帝国の都市として選択した場所から考察してみよう。

ポルトガルは、スペインがインカ帝国やアステカ帝国でやったように、国そのものを占領することはせず、ゴア、マラッカ、マカオのような港湾都市を要塞化し、艦隊を行き来させることで海上帝国を築き上げた。マカオのさらに東には日本があり、そこにも要塞が必要であった。そこでポルトガルは、長崎を選んだ。長崎は、ポルトガルが選択した他の港湾都市と共通する何かがあったに違いない。それを見出すことで、彼らが長崎に目を付けた理由が分かるだろう。当時の長崎は特殊な地形であった。つまり三方を海に囲まれ、海に向かって突き出した岬であった。この地形が、海上帝国として絶好の地形だったというのが私の考えである。同時代にポルトガルやスペインの港湾都市であったマニラ、マカオおよびホルムズについて、当時の絵図から共通項を拾い出してみよう。

1　マニラ

最初の図（P124〜125）は、当時スペインの要塞があったマニラである。山に囲まれた湾内に、三方を海に囲まれた岬が飛び出している。遠方から見た地形は16世紀の長崎にそっ

マニラの要塞（拡大図）

くりで、岬の突端には町が築かれている。上の図は、岬の先端部分を拡大したものだが、やや右寄りの海沿いに鐘楼を備えた教会が建っている。教会の周囲に町並みのある景色は、まさに「岬の教会」と最初の六町を想起させる。さらに、家が立ち並ぶ町の部分と、そこからはずれて家並みのない部分とは、塀と堀で仕切られ、そこに砲台のようなものが見えている。砲台は岬の根元方向を向いており、地上からの侵入者を攻撃するためのものである。このような地形が、当時の要塞のひとつの典型であったと考えられる。

2　マカオ

16世紀に海上帝国を築いて世界の覇者となったポルトガルは、アジアへの中継

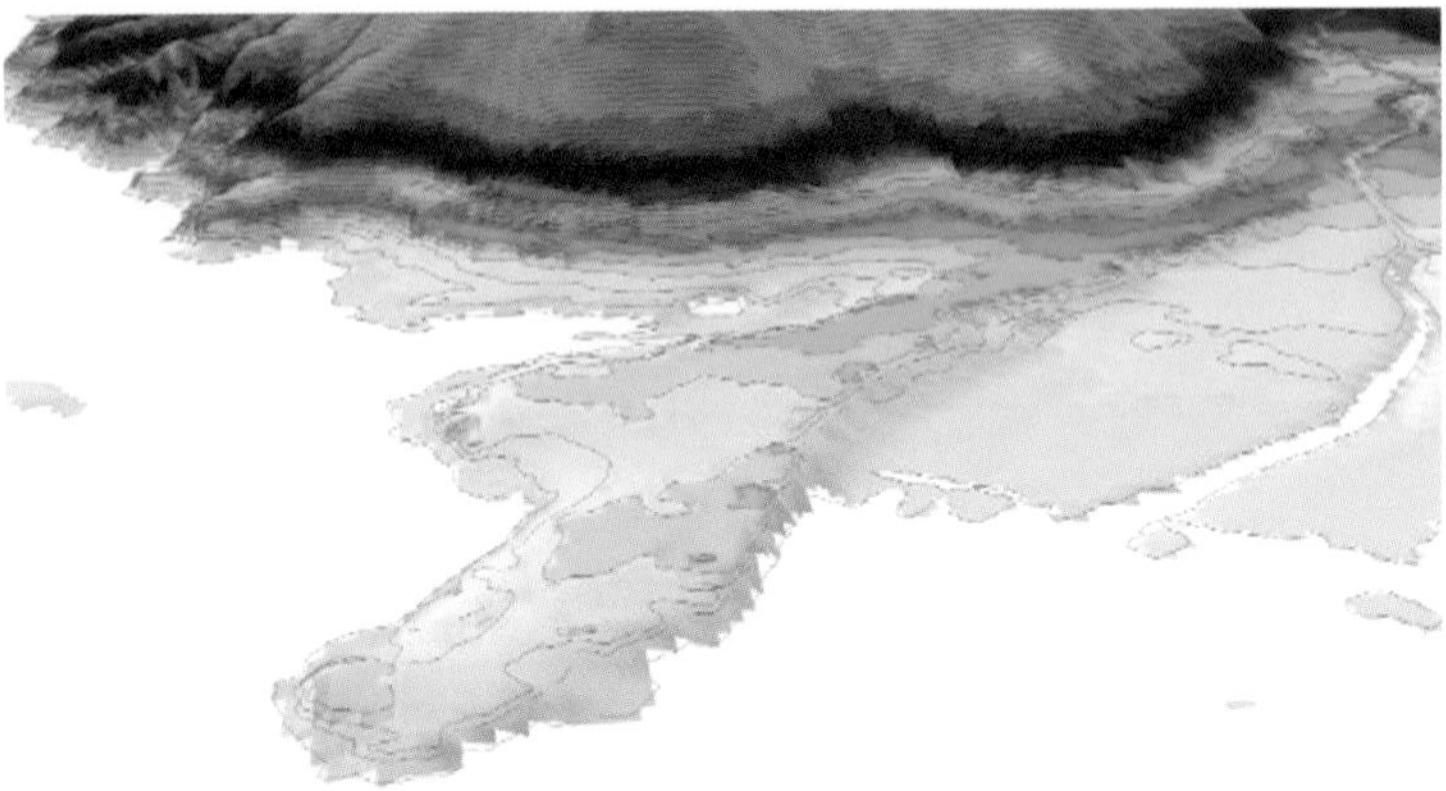

17世紀の長崎（全炳徳教授より提供）

17世紀のマカオ（マカオ海事博物館蔵）

基地をインドのゴアに置いた。リスボンからゴアまで6カ月の航路である。本国のポルトガルから指令を出すには遠すぎる。彼らはゴアに副王と艦隊をおき、そこに一定の支配権を委譲していた。また、マラッカやマカオなどの港湾都市を要塞化して海上帝国を築いたが、リスボンからもっとも遠いのが長崎であった。ポルトガル船はリスボンと長崎を常に行き来したわけではない。ポルトガル船は、マカオで生糸や絹を買い込み、長崎でそれを売り、長崎から銀を積んでマカオへ帰るという仲介貿易を行っていた。そしてリスボンへ帰還するのは3年に1度であったという。つまりポルトガルは、外国の港湾都市を交易の中継地として利用していた。本国が小さく、人口も限られたポルトガルとしては、それが最善の策だったのであろう。しかし17世紀に入って、オランダ・イギリスがそれぞれ東インド会社を設立してアジアへ進出すると、ポルトガルは次第に圧迫され、やがて17世紀の覇者の地位をオランダに奪われることになった。

　右の図は、17世紀の長崎およびマカオである。上の図は、長崎大学全教授が作成した17世紀長崎の3D復元図で、半島状に飛び出た地形をしている。下の図は、イエズス会の関与で築かれた17世紀のマカオである。岬の先端部分は要塞で、砲台や軍隊の宿舎や井戸があり、2年程度の攻撃であれば耐えられるようになっていた。周囲の丘には、教会やコレジオなどイエズス会の建造物があった。長崎およびマカオはともに長い岬の地形をしており、きわめて類似している。

小高い丘に神殿と要塞を築くのは、古代ギリシャのアクロポリスと同じである。避難所としても機能したことだろう。

3　ホルムズ島

ホルムズ島はペルシア湾の要衝に位置するイスラムの要塞であった。１５０７年にポルトガルが占領し、インドとヨーロッパの交易路を開いた。最後の図は、ホルムズ島にあったポルトガルの要塞である。岬の三方は海に囲まれ、その先端に教会がある。もう一方の陸地方面は石垣と堀が町を防御しており、長崎の岬にきわめて類似している。

ところで、このような特殊な地形はどのようにして形成されるのだろうか。私に指摘できるのは、岬の傍らに流れ込む比較的大きな川の存在である。少なくともマニラとホルムズの図には、岬に向かって流入する川が描かれている。これらの川が、長い時間をかけて半島を削り出すことで、海に向かって突出する地形を形成するのではないか。長崎に当てはめてみると、岬は中島川と浦上川にはさまれている。長崎湾に流れ込むこれら二つの川が、長い時間をかけ長崎の岬を形成したように思われる。世界中に存在する同じような地形は、同様のメカニズムで形成されたのではないか。大航海時代のポルトガル・スペインにとって、このような地形は要塞を築くための絶好の場所であった。さらに教会を建てることで、岬が、天上界での平和を保障する特別の場所であることを示したのではないだろうか。

ホルムズ島の要塞（ウィキペディアより引用）

参考文献

1　古賀十二郎『長崎開港史』藤木博英社1957
2　岡本良知『十六世紀日欧交通史の研究』原書房1974
3　ヴァリニャーノ（松田毅一ほか訳）『日本巡察記』平凡社1973

7 膨張

日本の清酒（杵の川酒造）

ポルトガルのワイン

ワインのためのブドウ

ある日、ポルトガルのワインを探しに酒屋へ出かけた。ちょっと甘めのロゼを見つけて、ふと横を見ると知らない名前の日本酒がある。「純忠」という銘柄である。ラベルを見ると大村産米100％の酒である。頭の中で「カチン」とスイッチの入る音がした。大村純忠はポルトガル人たちを受け入れ、みずからキリスト教徒になった。その「純忠」の日本酒がポルトガルワインと並んでいる。何という偶然だろう。だが考えてみれば、大村領の長崎とポルトガルとの邂逅は、酒屋でポルトガルワインが大村の日本酒と出会うような、偶然と必然との混淆だったのかも知れない。そういう考えに思い至ると、アビラ・ヒロンが『日本王国記』に長崎の植物について書いているのを思い出した。彼は「日本では黒と白2種類のブドウが採れる」と書いている。そう言ったとき、彼の頭の中には「赤ワインと白ワイン」が浮かんでいたに違いない。日本にブドウがあることは、何人かの宣教師が書いているが、おそらく聖体拝領のことを思ったのだろう。キリストは磔になる前夜、最後の晩餐でパンとワインを十二使徒に分け与えながら、これらは自分の肉と血であると言った。

それ以来パンとワインを分かつ儀式は洗礼式とともに、カトリックのもっとも重要な儀式とされている。彼らの儀式にはパンとワインが必要だが、日本にはどちらも存在しなかった。まさか米と水（メシとサケ）で代用するわけにもいかなかっただろう。だから宣教師たちが日本でブドウを見つけたときはホッとしたかも知れない。麦は古くから日本にあったから、パンは作れただろう。巡察師ヴァリニャーノは1593年、イエズス会総長への書簡で、日本からフィリピンにビスケット、小麦粉、牛肉等の食料品が輸出されていることを述べている。「これで貧しい日本人は収入が得られ、フィリピンは不足する品物を手に入れる」というのである。当時の長崎には麦畑が広がり、宣教師たちはブドウ畑を作ったことだろう。長崎の人たちは牛肉を食べ、ワインを飲んでいたに違いない。最近の私は、ポルトガル産ワインを食前に、日本酒を食事中に飲んでいる。酔うほどに16世紀のポルトガルと日本との関係が頭に浮かんでくる。食事中の音楽は、もちろんポルトガル民謡（ファド）である。

南蛮貿易の価値

長崎に造られた最初の六町（嶋原、大村、平戸、外浦、横瀬浦、ぶんち）については既に述べた。1571年に町建てが始まり、1580年にイエズス会に寄進された土地である。この場所で南蛮貿易が始まると、近くは九州第一の都市である博多から、遠くは、京都、大阪、堺の商人たちが長崎まで買い付けに訪れた。黒船は夏に入港し晩秋から冬に出航したから、この間は、ポルトガル船の商人たちや一部の船員は長崎に宿泊した。南蛮屏風には、板葺きの2階建ての家が描かれている。おそらく家の1階に家族が住み、2階をポルトガル人に賃貸したのではないかと想像する。下宿人としては、流れ者の日本人より金回りのよい南蛮船の船員の方が喜ばれたのではないだろうか。

ところでイエズス会士などの手紙に、ポルトガル船は1回の渡航で50万ドゥカードの荷を積んでいたと書かれている。当時の貨幣単位はドゥカード以外に、クルザードやタエルなどの単位が使われている。安野眞幸氏によると、ドゥカードはイタリア金貨、クルザードはポルトガル金貨、タエルは中国の銀貨の単位であるという。ドゥカードとクルザードの価値は等しく、3ドゥカードが2タエルに相当したらしい。研究者によると1ドゥカードは当時の日本の1石だというから、黒船は1回で50万石の荷を積んでいたことになる。昭和11年に書かれた岡本良知氏の本に「1580年の頃にはポルトガルの一定の大きさの船が一艘で平均50万ドカド（ドゥカード）すなわち80万円に近い金額の物資を運んできたが云々」と書いてある。物価指数等から当時の1円を仮に現在の2万円に換算すると、およそ150億円に相当する。また現在の米1石はおよそ5・5〜7・5万円なので、50万石は275〜375億円相当になる。つまりポルトガル船が1隻入港するたびに、150〜300億円くらいの金が動いたわけで、現在で言えば、大企業の誘致に成功したような感覚だったのではなかろうか。

マカオから来た黒船（ナウ）が沖合に停泊すると、長崎港から小舟が出て荷物を陸揚げしたから、そのための港湾労働者は全国から集まってきた。長崎の人口は、黒船が寄港している間は急増したに違いない。荷物は教会の土地に集められ、そこでポルトガル商人と日本商人とのやり取りがあった。商取引の場所がなぜ教会かというと、ポルトガル語と日本語の通訳が必要だったと思うし、教会には日本語とポルトガル語を話せるイエズス会士がいたからである。つまり教会には、ポルトガル船の司令官（カピタン・モール）、通訳としてのイエズス会神父、長崎の町を取りまとめる頭人（のちの町年寄）の3者がいて通商を取り仕切った。このような南蛮人の行動や商取引の様子は、同時代に描かれた南蛮屏風に残されている。それが最後の図（P139）である。

内町の拡張

ポルトガル船が長崎に寄港するようになると、最初の六町には日本全国から商人たちが訪れるようになった。さらに貿易都市として発展を遂げると、キリシタンのエグザイル（亡命者）や仕事を求めるヴァガボンド（無宿人）たちが長崎に雲集した。こうして長崎の人口は急増し、六町だけでは住居不足を生じた。そこで六町に接した周囲の土地が切り開かれ、あるいは埋め立てられ、そこに新しく町が造成された。博多町、五島町、樺島町、船津町などは早い時期に作られた町である。博多町には九州第一の商都である博多の商人たち、五島町や樺島町にはそれぞれの土地の漁業や港湾業務に関わる人たちが住んだだろう。いずれも内町でありながら、博多町は高台の石垣に守られた土地にあり、五島町・樺島町は海沿いの低地に作られている。そこに差別の萌芽が垣間見える。

越中先生から聞いた話だが、大波止に入港する以前のポルトガル船は船津町に停泊したそうだ。ポルトガル船はそこで積み荷を降ろし、取引の行われる岬の教会まで上り坂を運んだのだろう。古い港図を見ると、確かに船津町あたりは港湾を形成しており、そこに外国船が描かれている。船津町の近くに金屋町があり、最初の魚市があった。『長崎町づくし』には、「かなやまち」は「さかなやまち」の最初の「さ」が抜け落ちた名前であると説明されている。その後も内町は、人口増加に伴って町の数を増やした。興善町は後の長崎代官・末次平蔵の父親（末次興善）が拓いた町で、豊後町は大友氏の迫害から逃れてきたキリシタンの町、築町は中島川を埋め立てた町である。1592年の内町は23町を数えるに至る。内町の中でも最初の六町については、イエズス会に寄進されていたこともありとくに宗教色が強かっただろう。しかしそれ以降にできた町には、日本の商人や南蛮人たち相手の飲食店や宿泊所や遊興施設などが立ち並ぶようになった。長崎の人口は否応なく増加し、朝から晩まで賑やかな町になっていった。

外町の造成

1597年頃からは中島川に沿ってさらなる開発が進んだ。内町は貿易に関わる町であり、いわば高級住宅地である。金を生み出す町であり、商人たちの町であった。イエズス会の町であり、ポルトガルやスペインの商人も住んでいた。日本人と南蛮人が混住する場所であった。土地税は免除された。内町の人口が増加すると、そこに住む住人の衣食住を担う人が必要になる。そうして内町を取り巻く周辺の土地を拓き、あるいは埋め立てて外町の造成が始

荷揚げ作業と商取引（南蛮屏風集成[6]より一部引用）
荷揚げ作業と商取引の様子を描いた南蛮屏風。画面手前は、沖合の南蛮船から積み荷を運んできた小舟で、ペルシャ産の馬や洋犬を連れている。陸揚げされた生糸や絹織物などは、厳重に梱包されている。画面左上に、扇を持った立派な服装の南蛮人が、座ったまま全体を見回している。その後ろにあるのは屏風である。右に座った日本人の前にあるのは秤だろう。積み荷の対価である銀の重さをはかっているのかも知れない。多くの南蛮人と日本人、黒人や中国人が描かれている。騒がしくも活気のある、国際貿易都市であった長崎が髣髴とする。

まった。いわば新興住宅地である。最初に中島川に沿って外町は広がった（築町だけは川沿いだが内町）。長崎は南蛮貿易で巨額の金が動いたから、その運命は当初から時の権力者たちに握られていた。だから住人たちは権力者への対処法を学ぶ必要があった。こうして平等であり平和であったキリシタンの町には、次第に貧富の差や立場の上下が生まれてくる。

参考文献

1　アビラ・ヒロン（佐久間正ほか訳）『日本王国記』岩波書店 1965
2　ヴァリニャーノ（松田毅一ほか訳）『日本巡察記』平凡社 1973
3　岡本良知『十六世紀日欧交通史の研究』原書房 1974
4　原田博二『長崎歴史散歩』河出書房新書 1999
5　安野眞幸『教会領長崎』講談社 2014
6　坂本満編集（代表）『南蛮屏風集成』中央公論美術出版 2008
7　越中哲也『長崎ひとりあるき』長崎文献社 1978
8　嘉村国男『長崎町づくし』長崎文献社 1986

カピタン・モール
船隊の指揮官であり、通商の全権をポルトガル王から与えられていた。神戸市立博物館蔵「南蛮屏風」より部分引用。

8 人工の町

砂漠に建設したラスベガス（Googleより引用）

ラスベガス

19世紀半ばにカリフォルニアで金鉱が発見されると、アメリカ全土から一攫千金を狙う人々が雲集した。いわゆるゴールドラッシュである。20世紀初頭には、東海岸と西海岸を結ぶ大陸横断鉄道が開通した。さらに1929年からの世界大恐慌の後に巨大なダム（フーバーダム）が建設され、砂漠のなかの豊富な水の供給地としてラスベガスが注目された。そして賭博が合法化されると、最初は小さなカジノの町だったラスベガスは、マフィアと結び付いて巨大化し、そこに巨額の資金を投じた豪華ホテルが建設される。それが1946年に開業したフラミンゴ・ホテルであり、マフィアに暴利をもたらした。それをきっかけとして、ラスベガスには豪華ホテルと巨大カジノが林立し、世界最大のリゾート地へと変貌する。その裏ではマフィアの関与が強まり、あらゆる悪徳がはびこることとなった。これらの事情は、映画『バグジー』に描かれている。

砂漠以外に何もなかったラスベガスのことを考えるうち、規模は違っても、長崎に似ているように思えてきた。いずれも人の住まない場所に、新しく人工的に造られた町である。一方は遊興施設、もう一方は南蛮貿易港として、莫大な金が動いた。おのずから人が集まり、都市が巨大化すると、やがて必然として腐敗が始まる。腐敗をもたらしたのは、ラスベガスではマフィアであった。では、果たしてキリシタンの町であったはずの長崎に、腐敗の種を蒔いたものは誰だったのであろうか。

興隆と退廃

ラスベガスの繁栄をもたらすきっかけとなったのは、莫大な建設費用をかけた「フラミンゴ・ホテル」である。このホテルは、現在もラスベガス大通りLas Vegas Stripに立っている。一方、キリシタンの町であった長崎を象徴する建物は、何といっても「岬の教会」である。この教会は日本布教に生命をかけた集団イエズス会が、可能な限りの資金を投じて建設した当時としては日本最大の教会であった。この教会によって、それまで日本各地（鹿児島、坊津、豊後、平戸、天草、口之津、横瀬浦、福田、など）に分散していたポルトガル船の寄港地は長崎に集約された。古書に、日本へ向かう南蛮船を「絹の船」、マカオへ帰る船を「銀の船」とよんだとあるように、日本とポルトガルの商人は、絹と銀を交換した。それは双方に莫大な利益をもたらすものであった。一隻で数百億円に相当する積み荷を運んだ南蛮船の寄港地には、当然ながら日本中の豪商たちが集まったのである。

日本の西端にある長崎に目を付けたイエズス会と、それを受け入れた大村純忠の目論見は、イエズス会にとっては布教拠点だったし、純忠にとっては南蛮船の寄港地にすることだった。両者に必要だったものは、人と金である。長崎が南蛮船の寄港地になれば、莫大な金が落ち、雇用が生まれ、人はおのずから集まる。こうして、水も米もない不毛な土地に、最初の六町が築かれた。当初は迫害されたキリシタンたち、次に仕事を求める流浪人が集まった。人口は急増し、インフラが進み、仕事が生まれ、新しい町ができ、好循環の波に乗った長崎は、九州一だった博多を追い越して、またたく間に日本有数の町になった。一方で、ラスベガスがマフィアと結びついたように、長崎では、飲食店や宿泊施設が建ち並び、やがて遊興施設や遊郭などの裏社会が生まれた。長崎に住んでいたスペイン商人のアビラ・ヒロンは、開港から20年ほど経たころの長崎のありさまを次のように書き残している。

「日本のあらゆる地方から来たよそものばかりが住んでいるこの長崎の市《いち》である。ここには凶悪な無頼の徒、恥知らず、巾着切《きんちゃく》りなど、この王国全土にいる連中がいるが、同時にこの連中の大部分がエスパニャ・ポルトガル語を話す輩で、大多数の者はこれまでマカオやインディアやマニラや、その他の土地にいた連中だから、その土地で覚えたものである。それにこの連中の多くが、過去のポルトガル人の召使や奴隷だった輩で、同時に彼らは私たちにとっての最大の敵である。こういう連中のなかに、かつて彼らがポルトガル人たちの水夫だの、ある奴は小僧だの捕虜だった時、私が知っていた何人かの連中のいるのを見覚えているが、何しろ現在では、彼らは金を持っているので、町の人々から尊敬されているし、現在この市で統治に参与し人々に命令を下している人々の一人になっているしかじかという男もいる」

アビラ・ヒロンの描き出す長崎は、開港から20年以上後のことだが、南蛮貿易で賑わう長崎の様子からは、一攫千金をねらう人や、拝金主義に染まった人の姿が見えてくる。平和で平等だったキリシタンの町は、次第に差別と退廃に支配される町へと変貌していった。

金の落ちるところには人が集まる。ラスベガスに人が集まったように、長崎の人口は急増した。長崎の町が教会領から商人の町へと変貌を始めると、そこにおのずから悪徳が忍び寄るのも世の常なのであった。

長崎の支配者

金を産む町であった長崎は、その支配者を次々と変えていく。最初は夫婦川町あたりの小領主であった長崎甚左衛門である。1568年、その場所で長崎最初の布教がルイス・デ・アルメイダによって行われ、2年後には同所にガスパル・ヴィレラが長崎最初の教会を建てた。諸聖人の教会トードス・オス・サントス（Todos os Santos）である。水面下では、イエズス会と大村純忠がポルトガル船の寄港地を福田から長崎に移すことを協議していた。1571年に長崎に新しい六つの町が拓かれ、同年夏に長崎は開港し、最初のポルトガル船が来航した。その後しばらくの間、長崎は周辺の仏教徒から激しい攻撃にさらされ、一時期は龍造寺の支配下に甘んじていた。大村純忠は1580年、長崎と茂木をイエズス会に寄進するという奇策で危機を乗り切った。同様に有馬は浦上を寄進した。当時の九州は三国鼎立の状況だったが、豊後の大友が後退して龍造寺と島津が争い、勝利した島津によって九州はほぼ統一された。長崎には薩摩軍が駐留した。イエズス会や純忠は使節を豊臣秀吉に送って救援を求め、秀吉はそれに応えて大軍を送り、らくらくと九州征伐を行った。その際、秀吉はイエズス会から長崎、茂木および浦上を取り上げて公領とした。一方で南蛮船の入港を歓迎したので、長崎には莫大な金が落ちた。秀吉は宗教を切り捨て、貿易のみを残したかったが、秀吉の意向とは裏腹に、イエズス会は貿易と強く結びついており、両者を切り離すことはできなかった。その後も長崎がキリシタンの町であることに変わりはなく、秀吉が地子税（地代）を免除したこともあり、全国から亡命者や労働者が流入して長崎の人口はさらに増加した。戦乱で荒廃した博多からは、商人たちが長崎に流れ込み、それまでの博多をこえて長崎は九州第一の都市となった。

こうして、地方領主⇒宗教団体⇒中央権力者と移り変わってきた長崎の支配者は、最終的に商人たちということになった。長崎の本当の発展は、商人が支配者となった時点から始まったとさえいえる。一方で町の発展はやがて町の腐敗へと連なる。長崎は喧嘩の絶えない町だったといわれる。日本人とポルトガル人、あるいは日本人と日本人が争った。

長崎に「士農工商」の身分制度はなかった。長崎にいたのは、町人（商人と職人）だけで、武士と百姓は少数しかいなかった。そんな偏った身分制度が、長崎住民の性格をはぐくんだ。長崎を興隆させ、日本有数の大都市に育て上げ、なおかつ、殉教という特別に辛い香辛料をまぶした挙句、悪徳の町へと導いたものは、武士でも神父でも農民でもなかった。良きにつけ悪しきにつけ、長崎の興亡の責めを負うべきは商人のほかはない。長崎は商人たちの町と

海辺に建設された長崎（文献3）より引用）

して発展し腐敗したのである。

参考文献

1　岡本良知『十六世紀日欧交通史の研究』原書房 1974
2　アビラ・ヒロン（佐久間正ほか訳）『日本王国記』岩波書店 1965
3　リンデン伯『日本の思い出』長崎文献社 1983

9　百年の夢

１５４９年のザビエル渡来から始まったキリスト教の布教活動は、１５７１年に長崎という拠点を得たことで南蛮貿易とのセットとして隆盛した。豊臣秀吉による１５８７年のバテレン追放令や１５９７年の日本26聖人殉教事件があったものの、中興の祖である巡察師ヴァリニャーノは、１５７９年、１５９０年および１６０３年の3回にわたって来日し、日本人司祭の育成や天正遣欧少年使節を初めとするさまざまな企画立案を行った。ヴァリニャーノは信長・秀吉・家康との駆け引きにより、日本キリシタンの最盛期を導き出した。しかし徳川秀忠・家光の時代になると、いよいよ厳しい禁教政策と迫害・拷問および棄教推進が進められ、ついには１６３９年の「鎖国」により、キリシタン百年の夢は潰えたのである。キリシタン時代（Christian century）を振り返っておこう。

宣教師の数

１５４９年～１６４３年までの94年間に日本へ来た宣教師はおよそ２９０人である。イエズス会は他の修道会より40数年先行して布教を始めており、このうち１４４人を占めた。さ

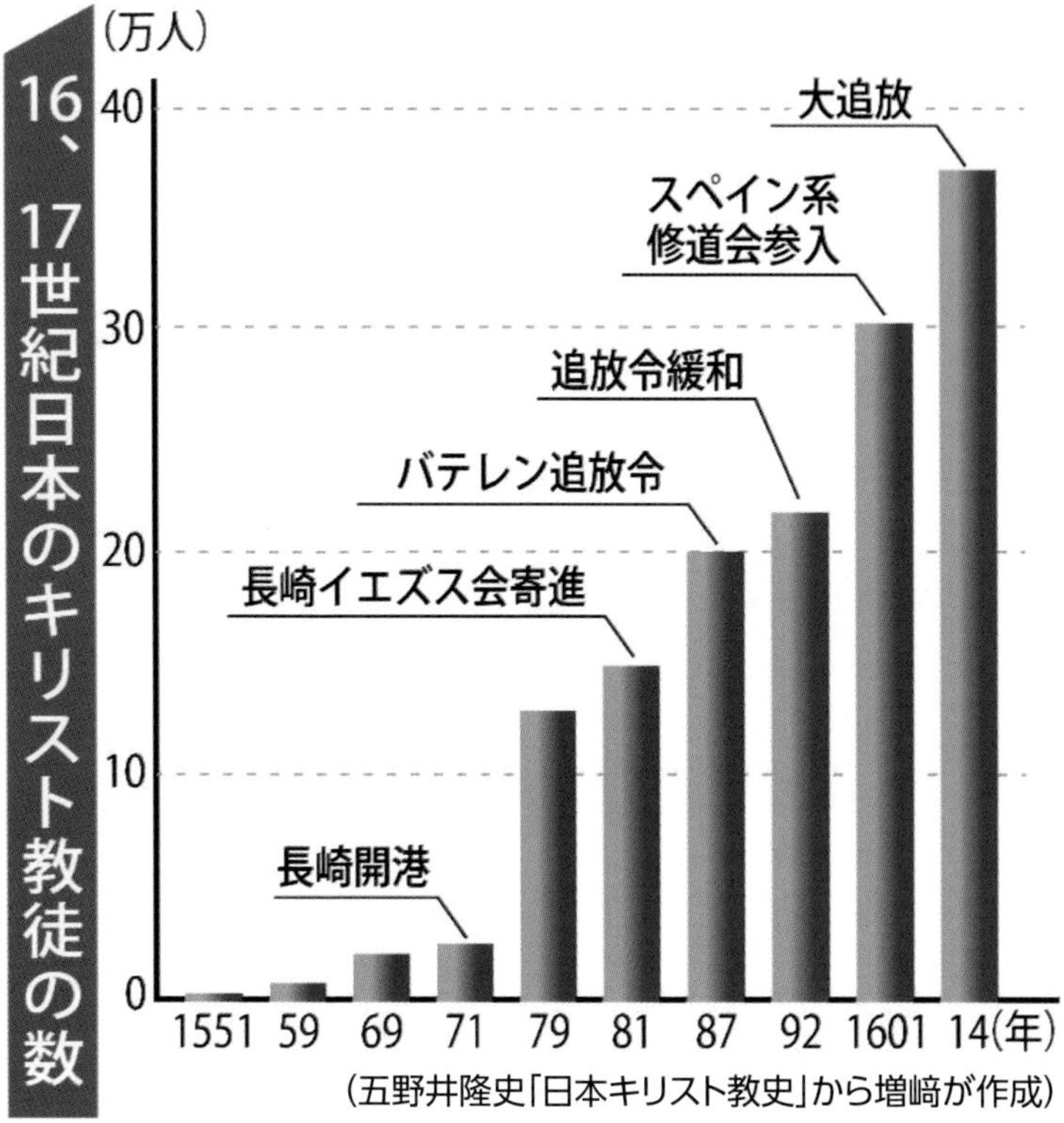
16、17世紀日本のキリスト教徒の数
(万人)
40
30
20
10
0
大追放
スペイン系
修道会参入
追放令緩和
バテレン追放令
長崎イエズス会寄進
長崎開港
1551
59
69
71
79
81
87
92
1601
14(年)
(五野井隆史「日本キリスト教史」から増﨑が作成)

らに日本人の宣教師37人（うち司祭22）を含めると計181人である。イエズス会に遅れて布教を開始したスペイン系修道会のうち、1593年から布教をはじめたフランシスコ会は宣教師62人、1602年から布教を始めたドミニコ会は同じく30人、アウグスチノ会は17人であった。イエズス会宣教師を国別にみると、ポルトガル115人、イタリア40人、スペイン24人、その他2人となっている。

以上のほか同宿（伝道士・説教師）400～500人。小者（下僕・従者）500人以上、看坊（世話人）イエズス会190人（1604年）、そのほか宣教に携わったものは全体で1，600名以上と推定されている。

信徒・教会の数

信徒は、ザビエル来日から最初の10年（1550～1560年）で6，000人の入信があった。教会は九つである。信徒は1560年代、すなわちトルレスの時代に2万人に増加した。長崎開港の年である1571年の日本のキリシタン数は、ヴィレラ書簡によると総数3万人、教会は40を数えている。1570年代（カブラルの時代）には信徒が13万人以上に増加。教会は150以上あったとされている。1580年代に日本は準管区となり、初代準管区長コエリョと巡察師ヴァリニャーノは連れ立って上京、信長・秀吉を訪問した。秀吉がバテレン追放令（1587年）を発出する以前の信徒数は20万人、教会は200あった。ヴァリニャーノによると、1549〜1587年における改宗者は25万人、教会数は240。同じく1601年のキリシタンは30万人であったという。

大追放があった1614年当時の推定信徒数はおよそ37万人とされている。しかしその後の信徒数は激減した。1614年の大追放のとき、密かに宣教師45人が日本に残留した。1614〜1624年までの殉教者は550人、1633年までに950人以上に達したという。一方、1549〜1630年までの改宗者は幼児洗礼を含めると76万人に達したとの推定もある。教会数は250前後であった。しかし1614年の大追放で大部分が破壊され、破壊を免れた長崎付近の教会等も1620年にはすべて破壊された。

大村・京都の状況

大村氏の領内では、1574年から1576年にかけて3万5，000人の集団改宗があった。1572年に起こった三城七騎籠（後藤貴明、松浦隆信、西郷純堯の連合軍と純忠の戦闘）のあと7カ月で7万8，000人の改宗があり、40〜50人の寺僧がキリシタンに転宗したという。この間、京都ではガスパル・ヴィレラが1559年に琵琶法師ロレンソ了斎とともに布教を行った。正親町天皇は1565年に伴天連追放の綸旨「大うすはらひ」を出しているが、これはわが国初の禁教令である。1576年、京都に3階建ての南蛮寺（P40〜41）が建ったが、1587年、秀吉のバテレン追放令により破壊された。

キリシタン布教区

当初、日本はインド管区の下にあった。1582年に準管区となり、1610年からは日本管区として独立した。各時期の布教長、準管区長および管区長は以下のとおりである。

日本布教長：ザビエル1548~1551年、トルレス1551~1570年、カブラル1570~1581年、コエリョ1581~1582年。

日本準管区長：コエリョ1582~1589年、ゴメス1589~1599年、パシオ1599~1610年。

日本管区長：ヴァレンティン・デ・カルヴァリオ1610~1617年（1614年マカオに脱出）、ディオゴ・コレア・ヴァレンテ1618~1633年（日本に着任することなくマカオで死去）。

こうして日本のキリシタンは「鎖国」という永い眠りに入った。大浦天主堂における「信徒発見」のニュースが世界中に流れるのは226年後、1865年のことである。

参考図書

1 五野井隆史『日本キリスト教史』吉川弘文館 1990
2 高瀬弘一郎『キリシタンの世紀』岩波書店 1993
3 五野井隆史『徳川初期キリシタン史研究』吉川弘文館 1983
4 サントリー美術館ほか『南蛮美術の光と影』2011

フランシスコ・ザビエル（文献[4]より引用）

ザビエルはイエズス会創設者のひとり。インド布教中に日本人ヤジローに出会い日本布教を志した。ヴァリニャーノはイエズス会巡察師として日本布教に関わり、種々の改革を行い日本キリシタンの隆盛を導いた。この二人がなければ、百年の夢もまたなかったと言えるだろう。

アレッサンドロ・ヴァリニャーノ（ウィキペディア wikipedia より引用）

10 ミゼリコルディア

狩野内膳筆「南蛮屏風」右隻入港図（部分）、リスボン国立古美術館所蔵（文献4より改変引用）
狩野内膳は桃山時代の著名な絵師で、1591年、秀吉の名護屋城築城に際し障壁画を描くため九州へ来た。その際、長崎まで足を延ばしたと考えられている。南蛮屏風のなかでは、きわめて写実的な画風である。中央に描かれた医師のたたずまいや左下に描かれた負傷者を巡る図案は当時のキリシタン医術を連想させる。

日本キリシタン隆盛の謎

16～17世紀の日本や長崎を考えるとき、何といっても最大の疑問は、40万人から70万人といわれるキリシタン隆盛の理由である。フランシスコ・ザビエルはイエズス会創設者のひとりで、インドにおける布教を担当した。インドではそれなりの信者を得たが、ザビエルの気持ちは満たされなかった。一見したところキリスト教を受け入れたように見えた人が、しばらく自分が不在にすると、元の異教徒に戻っていたからである。悩みながらも布教地を広げていたザビエルは、マラッカで日本人に出会う。それがヤジローである。ザビエルはヤジローから日本と日本人について聞くうちに、どうしても日本に行きたくなった。ヤジローから聞き込んだ日本人の情報がどうだったにしろ（それはそれとして）、やはりヤジロー個人の人格にザビエルは魅せられたのに違いない。マラッカのふたりは偶然に出会ったのではない。

ヤジローは日本で殺人を犯しており、心に深い傷を負っていた。その悩みをポルトガル人の船長に話したところ、ザビエルに会うことを勧められたのである。ヤジローはおそらく薩摩の武士階級で、教養もあり、ある程度外国語（たぶん当時の国際語であるポルトガル語）に通じていた。ザビエルは、日本人がヤジローのような人間であるなら、布教に生命をかける意味があると思った。そう思わせるようなものが彼にはあったと思うのである。ザビエルはヤジローとのやり取りについて以下のような手紙をローマへ送っている。１５４８年1月20日付ローマ・イエズス会宛の手紙である。

「私はヤジローに、もし彼の土地（日本）に行ったら、日本人はキリシタンになるかと聞いた。彼（ヤジロー）はすぐに、日本人はキリシタンにならないと答えた」。

ヤジローは続けて、以下のようなことをザビエルに言った。

「おそらく日本人はザビエルにたくさんの質問をするだろう。そして、その答えの内容で相手を評価する。特にザビエルが皆に教える事柄が自分の生活に適合するかどうかを判断する。もしザビエルが丁寧に話し、皆の質問にきちんと答えるなら、半年のうちに、王様、貴族、そして一般の人も、皆がキリシタンになるだろう。日本人はとても理性的な民族なのだ」

ヤジローの言葉を聞いたザビエルは、ますます日本へ行きたくなった。そういうことが手紙には書いてある。

こうしてザビエルは、ヤジローらと共に日本（薩摩）へ来た。案の定ザビエルは、日本人からの矢継ぎ早の質問攻めに辟易する。キリスト教についての質問はむろん多いが、天文地理から森羅万象に至るまで、日本人の好奇心は底なしだった。言葉の壁も大きかっただろう。ザビエルは日本語をほとんど理解しないまま生涯を終えた。通訳は、最初はヤジローがつとめた。しばらくすると、同行したスペイン人神父のフェルナンデスが日本語を話し始めた。

ヤジローがデウスを「大日《だいにち》」と訳したことで、キリスト教が仏教の一派と誤解されたことは知られた事実である。秀吉さえ初期にはインドから来た仏教の一種と思っていた。ましてや一般人は当然そのように思っただろう。要するところ私の疑問とは、見たこともないような顔つき・風体の人物が、言葉も理解されないような国へ来て、いったいどうして40万人とか70万人といわれる信者を獲得できたか、それに尽きるのである。今まで読んだ書物で、この疑問に十全かつ明快に答えたものに私はまだ出会えていない。

南蛮屏風の謎

２０２１年11月21日、開館したばかりの出島メッセ長崎で「キリシタン時代の長崎におけるポルトガル人の存在」と題する講演会があった。講師はポルトガル人の長崎研究家・アマロ氏、神戸ゆかりの美術館館長・岡泰正氏、司会は長崎歴史文化博物館館長・水嶋英治氏であり、私はパネラーとして参加した。その際、岡氏の発表した屏風絵の中に一風変わった図柄があった。それが最初の図（Ｐ１５６〜１５７）である。岡氏は、この絵について以下のように説明している。

「牛の脇に頭を怪我したようないかにも重い傷の人物が見え、皮膚の色の異なった人物がこれを介抱している。その右に、やはり皮膚色の異なる人物が上級の日本人に取りつごうとし、さらにその横に南蛮人が立つ描写は、本屏風のきわめて重要な描写である。重い怪我や病を治療する進んだ医術を身につけた南蛮人医師の象徴なのかもしれない。ふたりの介助者は、貧しい人の世話をするミゼリコルディア（１５８３年に建てられた総合福祉施設）にかかわる人たちではないだろうか。このような描写は、ほかの南蛮屏風には見当たらない」

私は、長崎で最初に布教活動を行ったルイス・デ・アルメイダがポルトガルで正規の医師免許を得た外科医であったことや、彼が府内で始めた病院、そこでの漢方医との共同作業など、当時の医療事情について解説した。

岡氏はさらに次のような意見を述べた。

「屏風は注文者の期待にこたえるべく取捨選択して描く。その点で、けが人と世話をする人物たちのモチーフは、実に異例である。けがを治す医術というのが南蛮人の特筆すべき特徴、美点であると絵師が認識し、治療というものを強調したかったためと推定される。南蛮人の美しいコスチュームと同列に外科医術もあつかわれたのかと思う。この描写にミゼリコルディアを連想するのは、それほど的はずれではない。なんとなし被差別民的な空気が感じられる」というのだ。

私には、「被差別民的な空気」という言葉が強く記憶に残った。南蛮貿易でうるおった最初の六町（内町）が拡大し、外町へと広がると、中央に富裕層、辺縁に貧民層という棲み分けができてくる。外町のさらに周辺である浦上や伊良林あたりには被差別民が住み始めた。キリシタン大名など「上からの布教」を推し進めたイエズス会が目を向けるのは内町であった。そこに貧しい身なりで布教するスペイン系修道会が入り込み、外町で「下からの布教」に従事することで信徒を獲得した。１６００年以降のキリシタン急増の多くはスペイン系修道会（フランシスコ会・ドミニコ会・アウグスチノ会）への入信であり、信徒は貧民層であり女性たちであった。貧者や老人やライ病者に衣食を与え、軟膏を塗り、最期を看取る、そういう対応がキリシタンを増やした要因ではなかっただろうか。私の思い至ったひとつの結論である。

ミゼリコルディアの謎

長崎にはミゼリコルディアと呼ばれる総合福祉施設があった。現在の長崎地方法務局と長崎地方検察庁の間の道路に「ミゼリコルディア本部跡」という説明板がある。そこには「(ミゼリコルディアは) 1583年、日本人キリシタンのジュスティーノが建てました。ここにはキリスト教思想による孤児・老人施設がありました」と書かれている。

ルイス・フロイスは『日本史』において以下のように説明する。

「(1589年ころの) 長崎では、ポルトガルの聖ミゼリコルディアの会にならって、数年前にミゼリコルディアの会が設立し、マカオの会の規約と会則を採用し、この会則により統率され、120人の会員がおり、聖母訪問の祝日に管理者などの役員を決め、彼らはポルトガルのように黒衣をまとい毎週集まり、会の家屋の管理、三つの病院 (男子老人用、女子老人用、ライ病患者用) を経営し貧者への施しをしている。長く長崎に住み、この事業の発起人の一人は堺出身の老夫婦、とりわけ妻の働きは献身的であった」

つまりミゼリコルディアとは当時の福祉施設であり、附属病院は「慈悲屋」とか「オスピタリ」と呼ばれていた。

フロイスのいう「堺出身の老夫婦」は、ジュスティーノ・ジュスタという名前で、相当な財産と強烈な個性を持つ夫婦だったようである。

ルシオ・デ・ソーザ氏と岡美穂子氏の著書『大航海時代の日本人奴隷』にこの老夫婦のことが記されている。著者らは、古い文献に記載された日本人奴隷を調査し、彼らが、どのような人生をたどったか、それを追跡することで、当時の世情をあぶりだす。私が興味をもったのは、日本でキリスト教徒が迫害されたように、当時のヨーロッパで行われていたユダヤ教徒の迫害である。彼らは棄教してキリスト教徒になるか、「隠れユダヤ教徒」として逃げ回るほかなかったという。日本で仏教徒になることを強要されたキリスト教徒が、ヨーロッパではユダヤ教徒を迫害していたというのである。著者らは、ある隠れユダヤ教徒の一家を追跡するうち、長崎まで逃げてきた一家が、ジュスティーノ・ジュスタという名前の熱心なキリシタン夫妻の所有する貸家に住んだことを突きとめている。堺出身で長崎に移住したこの家主は、長崎キリシタンのコミュニティのリーダーであった。彼らは自分たちの財産に、他の人々からも募った資金を合わせ、長崎にミゼリコルディアを創設した。ジュスティーノは長崎のミゼリコルディアを整備した後、畿内に戻り、翌年には大阪の教会とセミナリオ、さらには堺のイエズス会の住院の整備に携わったという。夫妻の日本名は不明だが、ジョスティノ・カサリア（錺屋）と書いたものもある。錺屋（かざりや）は金細工職人のことである。

イエズス会は各地に病院を建設した。その嚆矢《こうし》は１５５６年のルイス・デ・アルメイダによる府内の病院である。長崎については、ミゼリコルディアの傍らに建てられた病院と、同じく西坂にあったライ病者のためのサン・ラザロ病院（現在の本蓮寺の場所）がある。ミゼリコルディアは組員による寄付金で成り立っていた。病者や弱者に対し、無償で慰謝を与えるキリシタンの行為は、それを見るものにある種の感動を与えたことは間違いないだろう。

被差別民の謎

キリシタンによるミゼリコルディアのような慈善事業は、近隣に知れ渡り、長崎には貧者や病者が集まるようになる。さらに、1592年に秀吉による朝鮮出兵が始まると、多くの朝鮮人が奴隷として長崎に連行されてきた。ルイス・フロイスは、1594年には2，000人以上、翌年はさらに多くの朝鮮人が受洗したと書いている。長崎の人口が増えると、長崎の町は中島川東岸へと広がり、朝鮮人奴隷たちは高麗町や新高麗町に住んだ。また、今石灰町、八幡町、新高麗町などには売春宿ができた。毛皮屋町や現在の寺町あたりには被差別部落のコミュニティが広がったという。これら被差別民たちのなかにも、イエズス会やスペイン系修道会から洗礼を受けるものは少なくなかった。

元来、日本の仏教は女性蔑視が強い。女性を男性の下に置いて差別した。仏教には「変成男子（へんじょうなんし）」という思想がある。女性はいったん男性に変化してはじめて成仏できるという考えである（ただし法華経は女性のままで成仏できる）。変成男子とは、女性の性器が消滅して男性の性器が現れることをいうらしい。比叡山や高野山は男性の聖域として女性を排除した。いわゆる「女人結界」である。こういう制度は日本仏教に独自であり、インドにも中国にも存在しないそうである。男女差別のないキリスト教は、当時の女性たちに人気があって当然だろう。

16～17世紀の長崎は「キリシタンの町」であった。日本各地から流れてきたキリシタンが長崎に住んだ。キリシタンは迫害の対象でもあった。キリスト教には、仏教と同様に「慈悲のこころ」があった。だが仏教にある檀家（布施）は、イエズス会にはなかった。だから富裕層を対象に上からの布教（集団改宗）を選択した。一方、後発のスペイン系托鉢修道会は貧民層とともにあった。自分らも貧しいままに、貧者に優しく病者をいたわり女性に平等であった。この上からと下からの布教が、信徒増加の要因ではなかっただろうか。

参考文献

1　純心女子短期大学・長崎地方文化史研究所編『長崎のコレジョ』1985
2　ディエゴ・パチェコ：長崎の教会『九州キリシタン史研究』1977
3　ルイス・フロイス（松田毅一・川崎桃太訳）『日本史』中央公論社 1978
4　マリア・エレナ・メンデス・ピント（日埜博司編訳）『南蛮屏風』リスボン国立古美術館刊 1993
5　結城了悟：長崎サンティアゴ病院の鐘『長崎開港とその発展の道』2006
6　ルシオ・デ・ソウザ、岡美穂子『大航海時代の日本人奴隷』中公公論新社 2021
7　ベビオ・アマロ：港市長崎におけるキリシタン施設に関する研究 2016
8　赤瀬浩『長崎丸山遊廓 江戸時代のワンダーランド』講談社現代新書 2021
9　若桑みどり『クアトロ・ラガッツィ』集英社文庫 2008

11　福は内、鬼は外

内町と外町

「寛永長崎港図」は現時点で最古の長崎地図とされている。1636〜1639年頃の長崎の様子である。長崎開港（1571年）からその当時までに作られた町が白と赤に塗り分けられており、白の地区は「内町」、赤は「外町」と区別されている。この地図を初めて目にしたとき、いったいこの色分けは何だろうと思った。前知識なしに思ったことは「差別」である。長崎は差別の強い町だったのではないか。やがてその思いは確信に変わっていった。

長崎はふたつあった

古くから長崎には「長崎村」という土地があり、長崎氏（この時代は甚左衛門純景）が領主の大村氏（この時代は純忠）から預かり管理した。今の夫婦川町、桜馬場あたりで、そこに小さな山城を持っていた。城とはいえ砦に毛の生えたような規模で、戦国時代の日本においては、とるに足らぬ狭く小さな土地である。だがルイス・デ・アルメイダという西洋医が五島からこの地へ来ると長崎で最初の布教を行った。アルメイダは忙しい人で、翌年にはよその土地

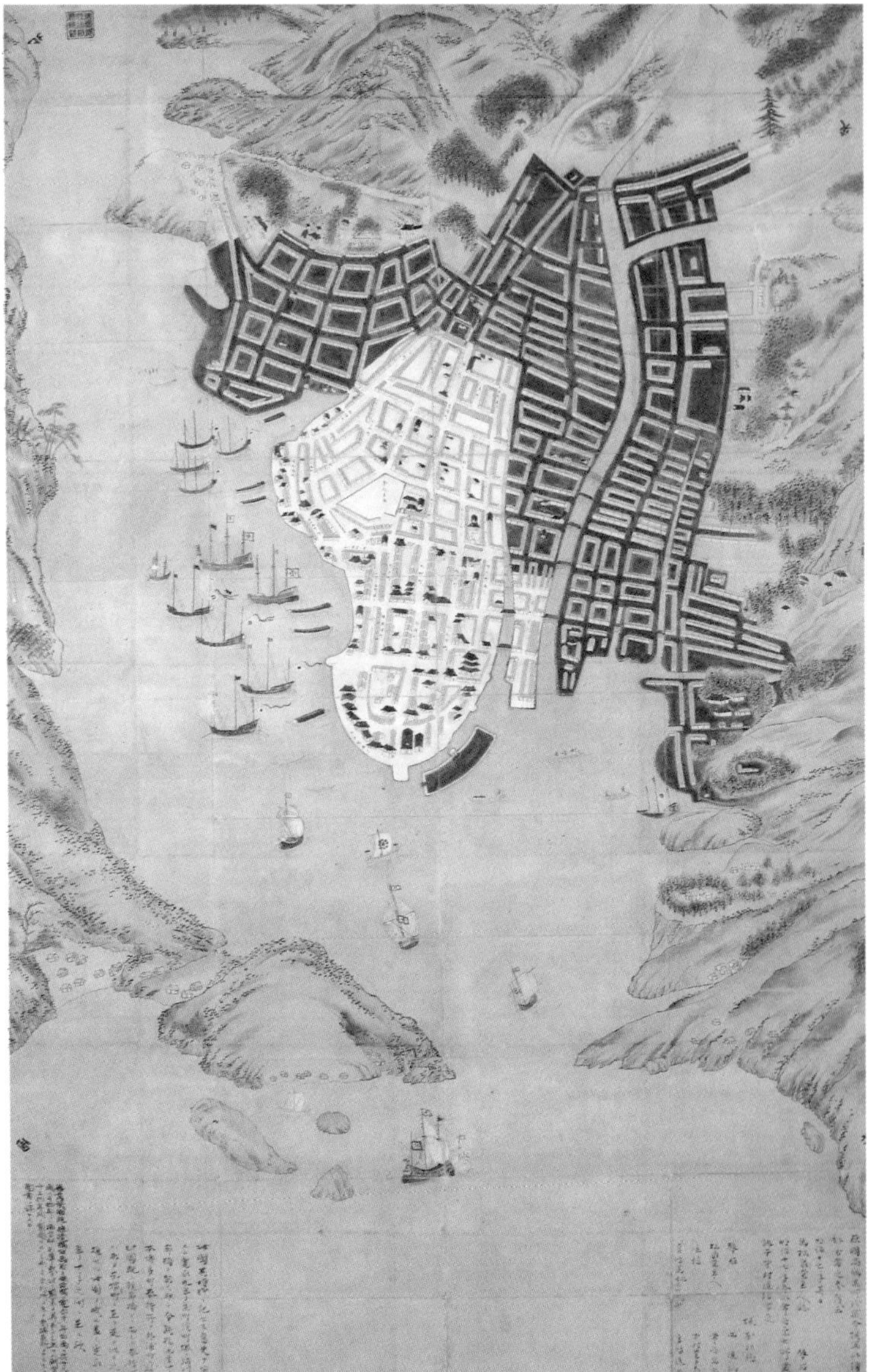

内町と外町(寛永長崎港図) [1]

図は江戸時代初期の長崎。白く塗られている地区は高級住宅地(内町)、赤い部分は新興住宅地(外町)。内町は奉行所、外町は代官の所轄であり、内町の地子税は免除された。1672年までに、内町26、外町54でおおよそ町数が定まった。

へ布教に出かけたが、代わりに長崎村へ来た神父は、現在では春徳寺のある場所に、長崎で最初の教会（トードス・オス・サントス）を建てた。同じ神父は、以前、京都において足利将軍から正式に布教許可を得ているガスパル・ヴィレラ神父である。

一方、前の県庁があった場所（江戸町）は、当時は雑木林で「森崎」と呼ばれていた。小さな祠くらいはあったかもしれないが、水がなく米もできないような土地である。集落があったとは思えない。だがポルトガル人は岬の地形を見て、「要塞」として適地だと思ったのであろう。純忠はイエズス会のトップ（この時代はトルレス）と話し合い、この地をイエズス会に寄進した。むろん長崎甚左衛門の同意を得たうえでのことだろう。甚左衛門は純忠の娘を妻としており、受洗もしていた。それまでポルトガル船の寄港地は薩摩や府内や平戸など一定していなかった。だがイエズス会が長い岬の地（森崎）を指定すると、その後はこの要害の場所が主な寄港地となり「長崎」と呼ばれるようになった。つまり、当時の「長崎」は二カ所に存在したことになる。最後の地図（P173）にその場所を示しておく。

開港から10年後、純忠がイエズス会に寄進した土地は、大村氏と有馬氏が中心となって町割りした場所、すなわち最初の六町の範囲および周辺地である。「周辺」がどこまでを指すか、詳しくは分からない。純忠は土地のみならず田畑まで寄進しているから、イエズス会が住民をキリシタンにすることは自由であった。当初、彼らは1万人ほどの住民を想定したらしい。だが実際には、キリシタンの亡命者や流浪者や商売人で人口は急増したから、町は六町から周辺へと広がっていった。1588年、豊臣秀吉は九州征伐の際にイエズス会に寄進された土地を取り上げて公領にすると地子税を免除した。これが「内町」の始まりである。六町の次には博多町、樺島町、五島町などが内町として拓けた。1592年には23町にまで増えている。一方、1597年ころから、内町の生活を支えるための町が造成され、これらは「外町」と呼ばれた。材木町、袋町、酒屋町は最初の外町とされている。その後も「内町」を取り巻くように「外町」が形成され続けた。鍛冶屋町、万屋町、紺屋町、麹屋町、大工町のように「外町」の町名は職業の名前がついている。つまり職人たちの町なのである。

水面下の分断

1598年、キリスト教を抑圧した豊臣秀吉が死んだ。1600年、関ケ原の戦いで勝利した徳川家康は実質的な日本の支配者と目されたが、いまだ江戸（家康）と大阪（秀頼）には危うい対立が存在した。長崎では、この時期をとらえて、スペイン系修道会の教会と信徒が急増する。しかし水面下の長崎では、多方面で分裂の兆しが生まれていた。最初のきっかけとなった事件は、長崎開港から30年間にわたりイエズス会と密接な関係を築いてきた大村氏の棄教である。

1605年、家康は旧い長崎を大村喜前《よしあき》（純忠の後継）から取り上げ、替地として浦上の一部を与えた。喜前には不利な条件であった。土地を奪われた長崎甚左衛門は代替地を提示されたが断り、長崎を出て柳川藩に仕えている。喜前はイエズス会の関与を疑い、領内から宣教師を追放して棄教してしまった。この事件は長崎に大きな亀裂を生じさせた。

分裂の連鎖

１５８０年、ポルトガル王が急死した。そのためスペイン王がポルトガル王を兼ねることになる。イエズス会の後ろ盾はポルトガル王であったから、この時点で、東方におけるイエズス会の独占的布教権が崩れた。１６００年、ローマ教皇はそれまでイエズス会のみに認可されていた日本での宣教活動を、すべての修道会に対して正式に認めた。フランシスコ会などスペイン系修道会は、大手を振って、日本布教が可能になった。ヨーロッパにおける政治的変化が、遠く長崎にまで影響を及ぼしたのである。１６００年からの10年間で日本のキリシタンは急増するが、その多くはスペイン系修道会（フランシスコ会、ドミニコ会、アウグスチノ会）への入信であった。

一方この時期の日本では、新勢力の江戸（家康）と旧勢力である大阪（秀頼）との関係が悪化し一触即発の状態にあった。西日本には小西家など関ケ原の残党やキリシタン大名（黒田孝高など）がいたから、大阪の陣（１６１４～１６１５）までの家康は、きわめて慎重である。それらが大阪城へ向かうことを恐れたのであろう。その結果として江戸時代の初期は、一見、キリシタンへの抑圧が弱まったかのようであった。

スペイン系修道会の台頭

十七世紀初めの長崎では、多くの教会が村山当安の寄付により建設されたが、その大部分はスペイン系修道会のものであった。長崎のキリシタンは、「内町」のイエズス会と「外町」のスペイン系修道会に分裂する。町人たちのうち「内町」を支配する町年寄はイエズス会を支援し、「外町」の代官（村山当安）はスペイン系修道会（とくにドミニコ会）の支援者となった。村山当安はのちに、大阪の陣に際して秀頼側に武器を提供したという理由で処刑される。当安の次男はドミニコ会系の教区司祭であり、火あぶりとなった。このように16世紀末から17世紀初期の長崎では、「内町」と「外町」の間に対立の構図が生まれていた。内町と外町、六町の住人と新しい流入者、町年寄と代官、イエズス会とスペイン系修道会、さらには江戸（家康）と大阪（秀頼）、ポルトガルとスペイン、というように、二重三重の対立構造がらせん状に存在した。この混乱をさらに複雑にしたのは、1600年から家康の側近となっていたイギリス人ウイリアム・アダムス（三浦按針）やオランダ人ヤン・ヨーステン（耶楊子）の存在である。ヨーロッパにおけるプロテスタントとカトリックとの宗教戦争までが長崎に持ち込まれ、新教勢力と旧教勢力は互いの悪口を言い合った。

為政者は秀吉であれ家康であれ、ヨーロッパとの交易を強く望んでいた。だがキリスト教は受け入れがたかった。そうした悪感情が最後に行きつく土地が長崎であった。当時の長崎は、さまざまな集団において、スケープゴートとして作用したのである。

参考文献

1　寛永長崎港図ポスター、長崎文献社

2　ベビオ・アマロ：港市長崎の成立に関する研究。東京大学大学院工学系研究科

3　結城了悟：長崎外町と土地交換問題『長崎開港とその発展の道』2006

4　増崎英明編著「巨樹の記憶―二人のルイス」『今と昔の長崎に遊ぶ』九州大学出版会 2021

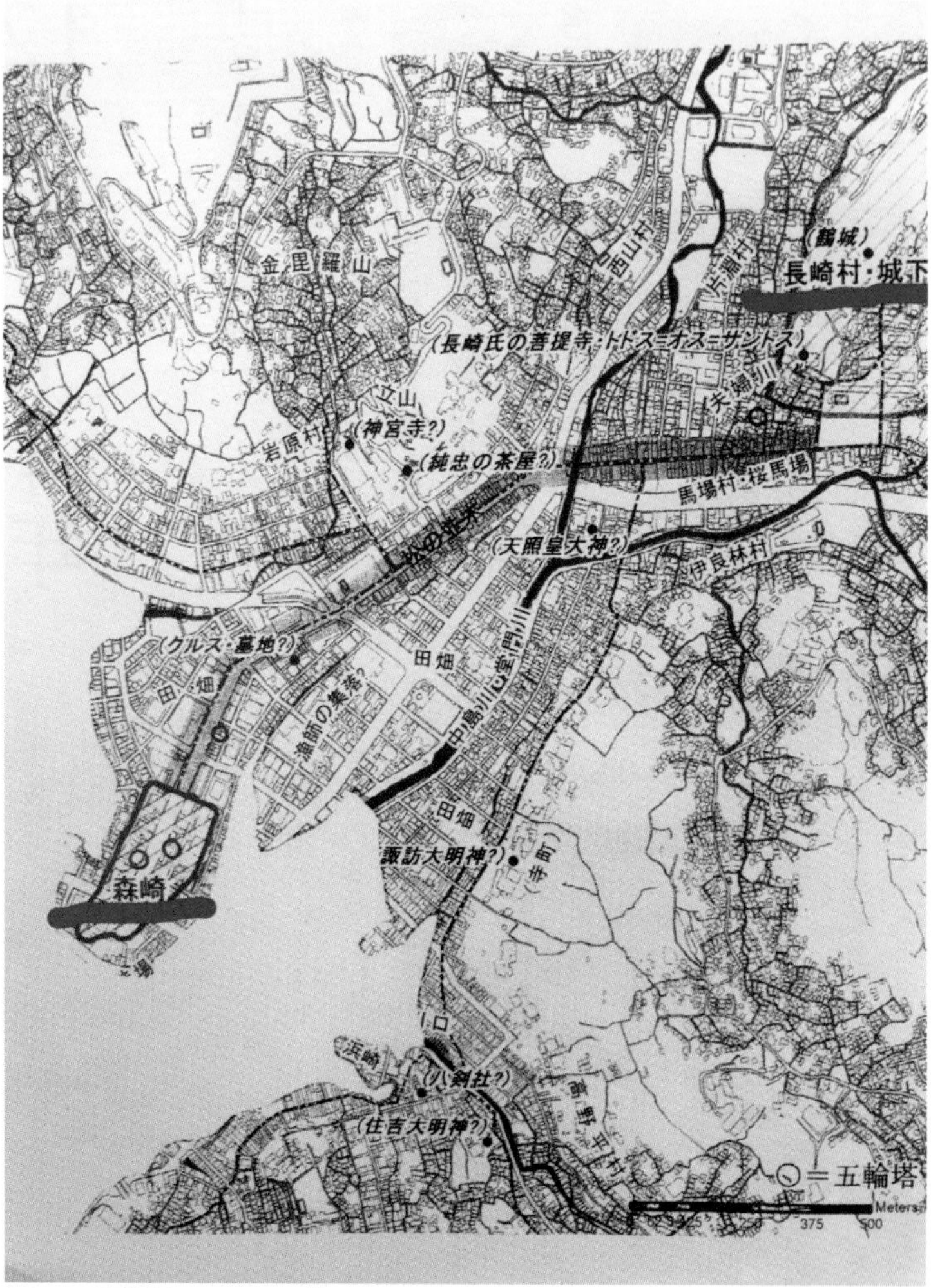

ふたつの長崎（地図はアマロ氏2)から引用改変）
元々、長崎氏の治める長崎村が夫婦川町あたりに存在した（右上）。新しい長崎は岬の先端にあたる森崎の地に拓かれた（左下）。つまりこの時代は、旧い長崎（長崎氏の領地）と新しい長崎（教会領）が併存していた。

12　1614年

1614年までの長崎

長崎は膨張につれ「キリシタンの町」から「商人の町」へと変貌した。当時の様子を、長崎在住のスペイン商人アビラ・ヒロンの証言から見てみよう。

「長崎には凶悪な無頼の徒、恥知らず、巾着《きんちゃく》切りなどがいて、その大部分がスペイン語やポルトガル語を話す。（略）住人の多くが、以前はポルトガル人の召使や奴隷だったし、そのころから見覚えのある連中もいるが、今は金持ちなので、町の人々から尊敬され、長崎の統治に参与し、人々に命令を下している」。

長崎を統治し、人々に命令している人物とは、おそらく代官の村山当安であろう。当安についても、第3章において詳述する。

開港から20年以上が経過し、南蛮貿易で賑わう長崎には、一攫千金をねらう人や、拝金主義に染まった人たちが住んでいた。平和で平等だった町は、次第に悪徳と差別に支配される町へと移ろっていく。水面下では、多方面で分裂の兆しが生まれていた。そのきっかけとなった事件は二つあった。そのひとつは、大村氏の関わった替地問題。もうひとつは有馬晴信に

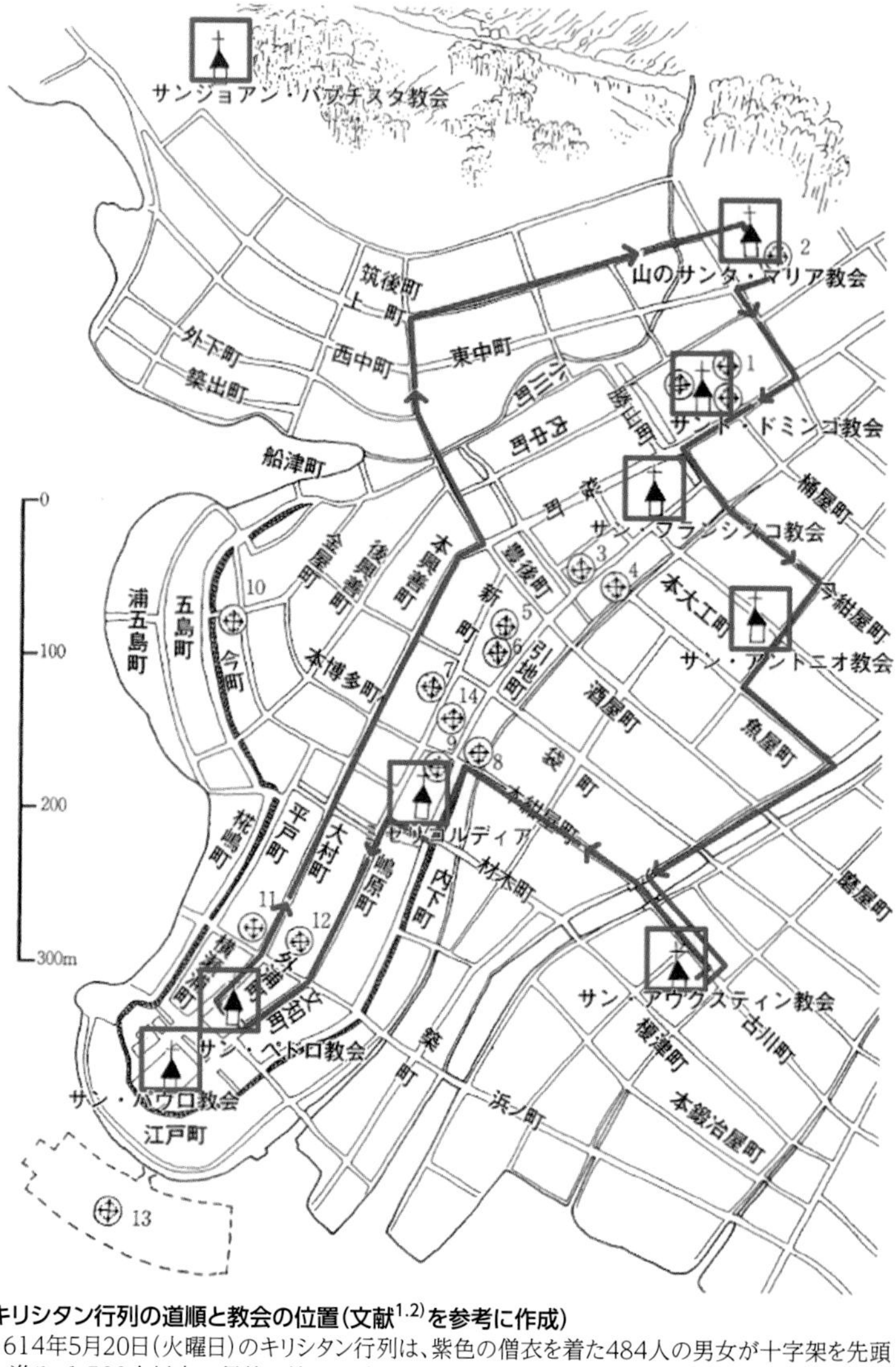

キリシタン行列の道順と教会の位置（文献[1,2]を参考に作成）
1614年5月20日（火曜日）のキリシタン行列は、紫色の僧衣を着た484人の男女が十字架を先頭に進み、1,500人以上の信徒が続いた。行列は22:30に始まり午前6時まで続いた。道路は、祭壇画、礼拝堂、キリスト教のイメージで飾られた。5万人の住民が、窓や屋根や通りから行列を見ていた。そのルートは、サン・アウグスチン教会（古川町）から出発⇒ミゼリコルディア（博多町）⇒サン・パウロ教会（外浦町）⇒サンタ・マリア教会⇒サント・ドミンゴ教会⇒サン・フランシスコ教会（新紺屋町）⇒サン・アントニオ教会（大工町）を巡り⇒サン・アウグスチン教会へ帰還した。

よるマードレ・デ・デウス号爆沈事件である。大村氏と有馬氏は、いずれも長崎の開港と六町の町建てのころからイエズス会と密接な関係を築いてきた。1605年の替地問題は既述したように、大村喜前《よしあき》（純忠の後継）の棄教に至る。さらにポルトガル船の沈没を巡って、日本とポルトガルとの関係にひびを入れた事件が、有馬晴信によるデウス号爆沈事件である。

デウス号爆沈事件

1609年、運命のデウス号が長崎に入港した。その司令官は前年、マカオで有馬晴信の家臣らと殺傷事件を起こしており、晴信は家康や長崎奉行の容認のもと復讐を誓っていた。翌年の正月、有馬は数千人の兵士とおびただしい数の船舶を長崎に集め、危険を察知して出航したデウス号を追撃した。巨大なデウス号に対し、有馬は二隻の船をつなぎ、その上に三層のやぐらを組んで兵士を登らせ、そこから攻撃を加えた。ついにデウス号は炎上し、司令官は火薬庫に火をつけ自爆した。目撃したアビラ・ヒロンは「船は大音響とともに火を噴き、長崎の町全体が揺れた」と記述している。百万両に相当する積み荷の多くは、今も長崎の海底に沈んでいる。こうして長崎は、次第に内部から分裂していくのである。家康は、長崎の疲弊を見極めたように禁教令を準備するが、彼には事前に解決すべき難題が残っていた。

この時期の徳川幕府が抱えていた最大の国内問題は豊臣家の存在であり、徳川（江戸）と豊臣（大阪）は一触即発の状況であった。だが1614年に冬の陣、翌年には夏の陣があり、豊臣は滅亡した。こうして幕府の目は、第二の国内問題であるキリシタン政策に向けられる。家康は早くも1612年には直轄地を対象に禁教令を発していたが、翌年、それを全国に拡大する。さっそく京都や江戸でキリシタン迫害が始まる。全国の宣教師や当時からキリシタン大名として著名であった高山右近もまたスケープゴートとして長崎へ追いやられた。

1614年の長崎

1614年の長崎は、江戸幕府が出した禁教令のせいで年初から浮足立っていた。中央では、家康による信徒の迫害や教会破壊が始まる。全国の宣教師や主だった信徒は長崎に集められ、江戸からの指示を待っていた。悲観的な憶測が飛び交う長崎は異様な高揚に包まれ、ぎりぎりまで引き絞られた感情は、やがて出口を求めて激しく噴出するのである。幕府の禁教政策に反発したキリシタンたちは行列を組み、大掛かりな示唆運動を展開した。

キリシタン行列

1614年5月初旬、長崎の住民が突然、奇怪な行動をはじめた。仲間同士で行列を組み、教会から教会へと練り歩くことを始めたのである。行列は次第に数を増し、連日20日ほども続いた。民衆の風体もまた際立っており、みずから行列に参加したアビラ・ヒロンは、その様子を次のように記録している。

「三千人以上の男女が、ある者は十字架を負い、ある者は両腕を長い棒に固く縛り、ある者は大きな石を背や首に負い、ある者は猿ぐつわをつけ身体に鎖を巻いていた。ある者は足先から首まで荒縄で固く縛り、両腕を後ろに縛り上げ、首に巻いた太縄を引かせていた。裸の背を細く裂いた竹の鞭で打つものもあった。か弱い女たちは両手をうしろに、あるいは首を縛り、互いに鞭で打ちあった」

ある行列はトードス・オス・サントス教会、別の日はサン・ジョアン教会、あちこちの教会から出発した信徒たちは、キリストやマリアの像を掲げ、トランペットを吹き鳴らし、祈祷を唱えながら行進した。外町代官の村山当安、その妻や子供たちも参加した。しかし長崎がすべて一つになっていたわけではない。「最初に作られた六町のうち島原、ぶんち、外浦、大村の四つの町には、聖画像もかけられていず、敬虔な喜びをもって行列を迎える様子もなかった」というのである。これらの町はイエズス会の信徒が中心であり、スペイン系修道会とのあいだには隙間風がふいていた。すでに長崎の崩壊は内側から始まっていた。

大追放

1614年10月、長崎に集められた宣教師や信徒たちは、福田港や木鉢港からマカオ、マニラへ追放された。キリシタン大名であった高山右近もまたマニラへ送られ、翌年初頭に現地で死去した。「大追放」と言われる出来事である。やがて豊臣を支援した当安は斬首され、内町の4人の町年寄のうち2人は棄教、残る2人は長崎を退去するに至る。信徒たちの行列は、迫害への精一杯の抵抗であり、キリシタン最期の光芒だったのであろう。

教会破壊

1614年11月、神父たちが追放され、空き家となった教会は次々と破壊されていく。「岬の教会」は11月3日、平戸の松浦氏がその屋根をはがし始め、「同じ月の8日には、あんなに美しかった天主堂をすべて倒してしまい、地上でばらばらに壊すと、大部分は火で燃やしてしまった」とアビラ・ヒロンは書いている。大村氏は、村山当安の寄進で建てられたサント・ドミンゴ教会を破壊した。この教会の遺構は、2002年、勝山町（桜町小学校内）で石畳や十字紋の瓦などとともに発掘された。現在は、サント・ドミンゴ教会跡資料館として公開されている。

こうして長崎の教会は、そのほとんどが破壊されるにいたったが、トードス・オス・サントス教会とミゼリコルディアの教会は1619年に壊されるまで残されたのであった。

徳川家康の思わく

1614年の長崎は、聖行列や大追放や教会破壊であわただしく過ぎ去った。いかにも長崎のキリシタン組織は破壊しつくされたかのようである。だが、以下は私見であるが、この時点の家康はキリシタンを根絶することまでは考えていない。ゴリ押しすれば、後の島原・天草の乱のようなクーデターが発生しかねなかったであろう。一見、幕府は長崎のキリシタンを厳しく取り締まったようにみえるが、じつは長崎だけは迫害の薄い特区であった。全国の神父たちは長崎へ集められ、全員が国外へ追放されたことになっていた。しかし長崎から追放されたはずの神父のうち、長崎港の沖合で船を乗り換えて長崎へ舞い戻ったものは少なくない。彼らは長崎のキリシタンの家に潜伏した。そのことに幕府の役人や奉行が気づかなかったはずはない。むろん家康もそのことを承知していた。彼にしてみれば、神父たちが江戸から遠く離れた長崎だけにいて、大部分の教会を破壊し、宣教師の多くを追放すれば、それでよかった。家康は、この時点では、長崎のキリシタンに対して禁教を押し付けていない。家康は慎重な男である。まだしばらくは、長崎の支配層はキリシタンであり続ける。家康は2年後の1616年に死んだ。長崎の徹底した迫害・弾圧は、家康の死後、秀忠・家光の時代から始まるのである。

参考文献

1 アビラ・ヒロン（佐久間正ほか訳）『日本王国記』岩波書店 1965
2 山崎信二『長崎キリシタン史』雄山閣 2015
3 結城了悟：長崎外町と土地交換問題『長崎開港とその発展の道』2006

マードレ・デ・デウス号の大砲（天理図書館所蔵）
昭和3年、長崎湾口から引き揚げられた大砲で、デウス号に装備されていたものと考えられている。砲身の長さ235cm口径11.5cm。引き揚げに際しては、日本陸軍に顧問として派遣されていたイギリス陸軍のCRボクサー教授が指揮を執った。彼は日本・ポルトガル交渉史の研究者であり、この時代の日本を「キリシタンの世紀」と名付けている。写真は天理図書館ホームページより引用した。

4　片岡弥吉『長崎の殉教者』角川選書 1970
5　中村俊夫ほか：長崎県の長崎港外で引き揚げられた沈没船関連資料の放射性炭素年代：Nagoya University191-197, 2004
6　ディエゴ・パチェコ『九州キリシタン史研究』キリシタン文化研究会 1952

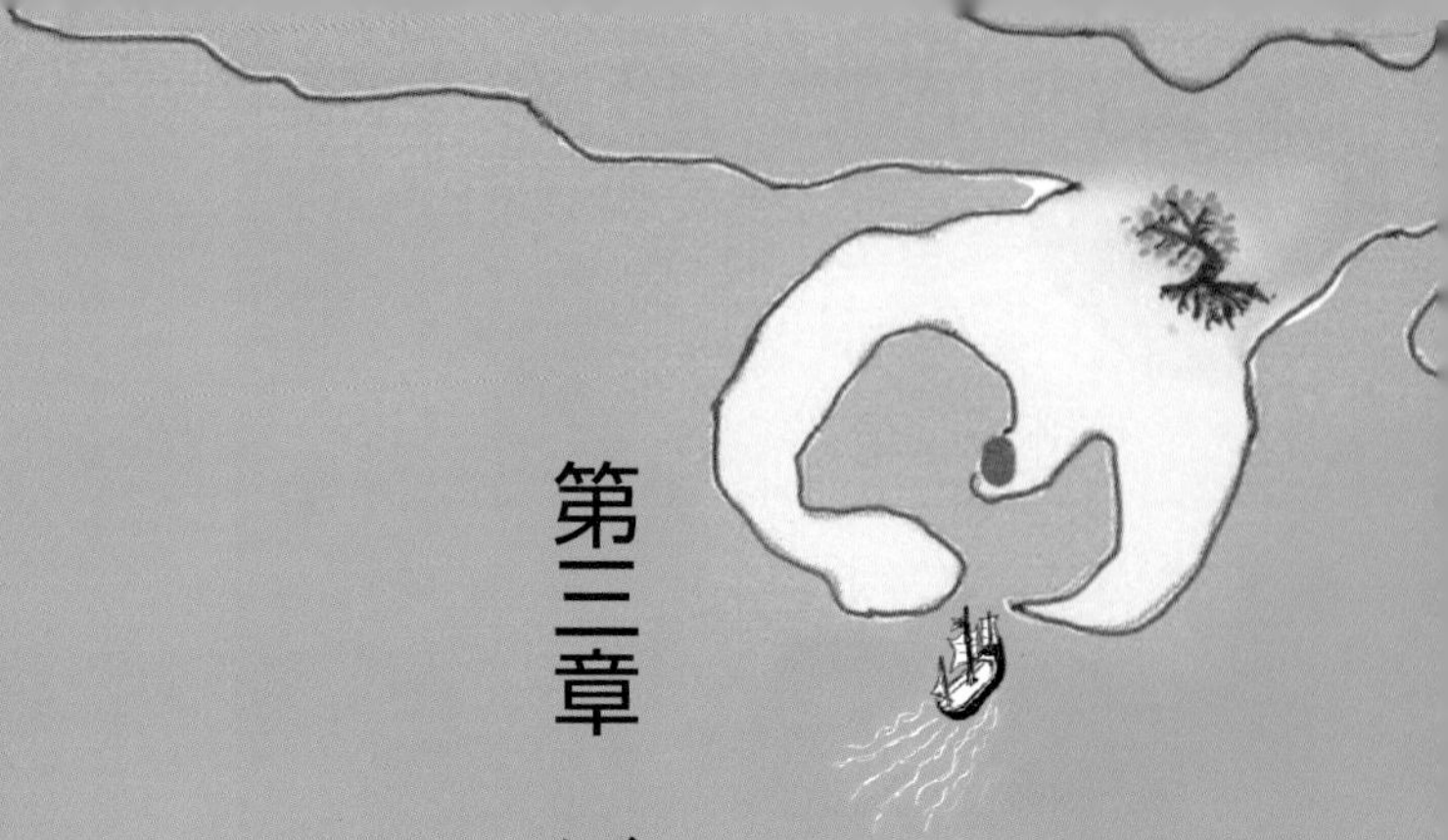

第三章　長崎分裂（1614～1639）

4人が火刑となり、いよいよ長崎で苛烈な殉教がはじまった。

1 小説的一族

元和5年(1619年)の殉教図(ローマ・ジェズ教会蔵)
元和5年(1619)、レオナルド木村修道士のほか、宣教師たちを自宅にかくまった罪で村山徳安など

サント・ドミンゴ教会

1619（元和5）年11月18日、ドミニコ会宣教師モラーレスを5年にわたって自宅にかくまった村山当安の長男・徳安アンドレが火刑となった。火刑の場所は日本26聖人殉教地と同じ西坂である。最初の絵（P184〜185）は、その時の様子を描いたもので、中央に火あぶりにされている5人がいて、周りには、山上にも海上にも多くの見物人がいる。右下には、当時の長崎が克明に描かれている。実際に処刑を見たものが描いたに違いない。

何度も書いては書き直すことをくり返している。どう表現すれば、村山当安とその一族の人物像を伝えられるのだろうか。私自身が当安を十全には把握できていない。だから彼らのことを表現できないのである。現代人の感覚で彼らを理解することは至難である。まずそれを自覚することが必要なのだろう。

はじめて当安の名を知ったのは、長崎歴史文化博物館の向かいにあるサント・ドミンゴ教会の跡地だった。そこには資料館があり、発掘で現れた教会跡地をそのままの状態で保存してある。資料館の説明板には、村山当安とサント・ドミンゴ教会との関係がつづられていた。

1597年、日本26聖人殉教事件の対象となったのはフランシスコ会で、イエズス会に比べて過激な布教活動を行ったことが秀吉の逆鱗《げきりん》に触れたのである。その後しばらく息をひそめていたフランシスコ会は、17世紀に入ると、江戸における活動をめざして家康に近づいた。長崎においては外町を中心に布教活動を強化した。同じくスペイン系のドミニコ会は薩摩、アウグスチノ会は豊後を布教地に定めた。だがドミニコ会は薩摩から追放され、1609年、薩摩の教会を解体して船に乗せ、長崎へやってきた。彼らが長崎で再建した教会がサント・ドミンゴ教会であり、土地を提供したのは村山当安である。当安は外町の代官である。村山一族はすべてキリシタンであり、圧倒的な権力と資産を有していた。彼らは最後まで信仰を捨てることなく、次々に殺され、一族はついに殲滅された。サント・ドミンゴ教会は1614年に破壊され、土地は当安の敵対者であり次の代官である末次平蔵の屋敷となった。その時、すでに末次平蔵はイエズス会を離れ棄教していた。当安は平蔵との訴訟を巡る争いの果てに斬首され、平蔵の支配する地となった長崎は、迫害と殉教に染まるのである。

村山一族

イエズス会の文書には、村山当安は堕落した人間のくずで、棄教した恥ずべき人と書かれている。その同じ人物が、ドミニコ会の文書にはキリシタンの柱石と書かれている。だが、そのドミニコ会も、当安をさすがに聖人とまでは呼んでいない。

当安の有する砦のような茂木の別邸には多くの女性を囲っていた。長崎に住んだスペイン商人で、おそらく当安と付き合いのあったアビラ・ヒロンによれば、そこはトルコ人のハーレムさながらだったと書かれている。村山当安は「長崎に囲っている女たちの一人のことで、一人の若者にわけのわからぬ狼藉を働き、ついに殺してしまった。その後、若者の義父母、妻、十人以上の親族を次々と殺した」。また「何人かの家来たちが彼に悪事を働いたため、七、八人を宮刑に処しその他のものを殺した」という。さらには、「もう一人の女のことで妻や息子たちと激しく争い、息子たちは母親を守ろうとして武器をとるにいたった」というのである。まるで悪の権化である。アビラ・ヒロンに限らず、当安が幾人もの殺人を犯していることも、女にうつつをぬかし、家族と反目していることも、長崎では周知の事実であった。熱心なキリスト教徒とは、とても思えないが、以上が1612年までの村山当安である。

その年に家康の禁教令が出る。この始末に負えぬ男が、キリシタンの迫害と追放に遭遇すると、それまでの自分をあっさりと捨て去り、がらりと変貌を遂げる。当安については、いずれ詳述することにして、ここでは当安の家族に目を向けよう。

村山当安の家族たち

当安には8人の息子と2人の娘がいた。とくに長男・徳安アンドレ、次男・フランシスコ、三男・秋安（または長安）ジョアンは、いずれも徳のある人物として、長崎では尊敬される一族であった。長男の徳安アンドレはドミニコ会のモラーレス神父を家にかくまったことで火刑になった。最初の絵（P184〜185）はその様子である。モラーレス神父は大村の牢内から出した書簡に「（1614年の大追放で）日本から追放するために乗船させられた9人の司祭が、彼（徳安）の努力によって下船した。私はその9人のうちの一人であります」と書いている。殉教に際しては、祝祭のしるしである白い衣服を着ていった。自分を焼く薪に火がつくと、大声で人々に別れを告げ「兄弟たちよ、信仰を堅持されよ。ほかに救済の道はない」と非常に大きな声で叫んだので、ほとんど無数に近い人々のすべての者の耳に明白にその声が達した。レオン・パジェス『日本キリシタン宗門史』（以下、「宗門史」と略す）には以下のようにある。奉行（長谷川権六）は、「徳庵《ママ》とその伴侶を屈服させようとしたが無効であった。（中略）キリシタンを怖がらせるために、殉教の時間を延ばして、薪や柴束を遠く離して、余計苦痛を与える」ようにした。徳安の伴侶の村山マリアは、末次平蔵の姪であったが、殉教を強く望み、3年後、1622年の「元和の大殉教」において斬首された。

次男・フランシスコ（日本名は不明）は長崎の教区司祭。父親の当安が建設したサン・アントニオ教会の主任代行司祭であった。1614年の大追放の際に長崎港から追放されたが、港外で船を乗り換えて再上陸した。大阪城へ行き、大阪の陣で戦ったキリシタンたちに告解と秘跡を授けた。大阪城内で死んだと考えられている。「宗門史」には「フランシスコ師は、大阪のキリシタンを精神的に助けるために、急行した。彼はこの事に没頭したが、襲撃の際一刀の下に斬首せられ、栄えある報酬を受けた」とある。

三男・秋安ジョアンは、家康から村山一族へ台湾（高砂島）出兵を命じられた時、四男の久四郎マヌエルとともに遠征軍の指揮を執った。当時、大阪の陣で死体を発見されなかった秀頼が台湾へ逃げ込んだとの噂があり、その捜索が目的であったと言われている。当安は私費ですべてを準備したことから、村山一族の弱体化をはかったとの見方もある。兵卒2、3千人と船13隻で台湾へ向かったが、琉球沖で暴風雨に遭遇し遠征は失敗に終わった。彼は弟ディエゴとともに都で斬首された。

上述した息子たちのみならず、一族の男子はすべて火刑または斬首となった。「宗門史」には「1620年7月24日、長崎でアンデレア東安《ママ》の遺児、24歳のマノエルと、15歳のディエゴ、12歳のミカエル、それに孫の一人、即ちアントニオという、ヨハネ・ショーアン（秋安か長安）の息子が斬首された」とある。

これほどの処罰を受けた村山一族はいったい何をやってしまったのか。父親と違い、息子たちは誰からも尊敬され愛される人物たちであった。

村山当安

当安の息子たちの事績はどれも苛烈である。長男は宗旨を守り潔く教えに殉じた。次男はキリシタンの司祭でありながら大阪城で生命を落とした。三男は台湾を征服しようとした。果たして彼らの父や母はどのような人物であったか。父親の村山当安は幕府によって始末された人物なので、その足跡は公然とは残されていない。だが、わずかな資料からは、一筋縄では行かない人物であったことは間違いない。本人の言葉は何ら残されていない。残されたものは、当安を見た人の言葉や当時の噂話なので、推測するほかないが、そこからは徳川幕府の対外政策、キリシタンの隆盛と没落、それらに深く関わっていた人物であることが見えてくる。謎は謎を呼ぶ。そんな小説的ともいえそうな人物が村山当安なのである。

参考文献

1　レオン・パジェス（吉田小五郎訳）『日本キリシタン宗門史、上・中・下巻』岩波文庫 1938
2　アルバレス・タラドゥリース（佐久間正訳）、村山当安に関するヨーロッパの史料（1～3）、日本歴史 235,245,256、1967～1969
3　アビラ・ヒロン（佐久間正ほか訳）『日本王国記』岩波書店 1965
4　小島幸枝『長崎代官村山等安―その愛と受難―』聖母の騎士社 1989
5　山崎信二『長崎キリシタン史』雄山閣 2015

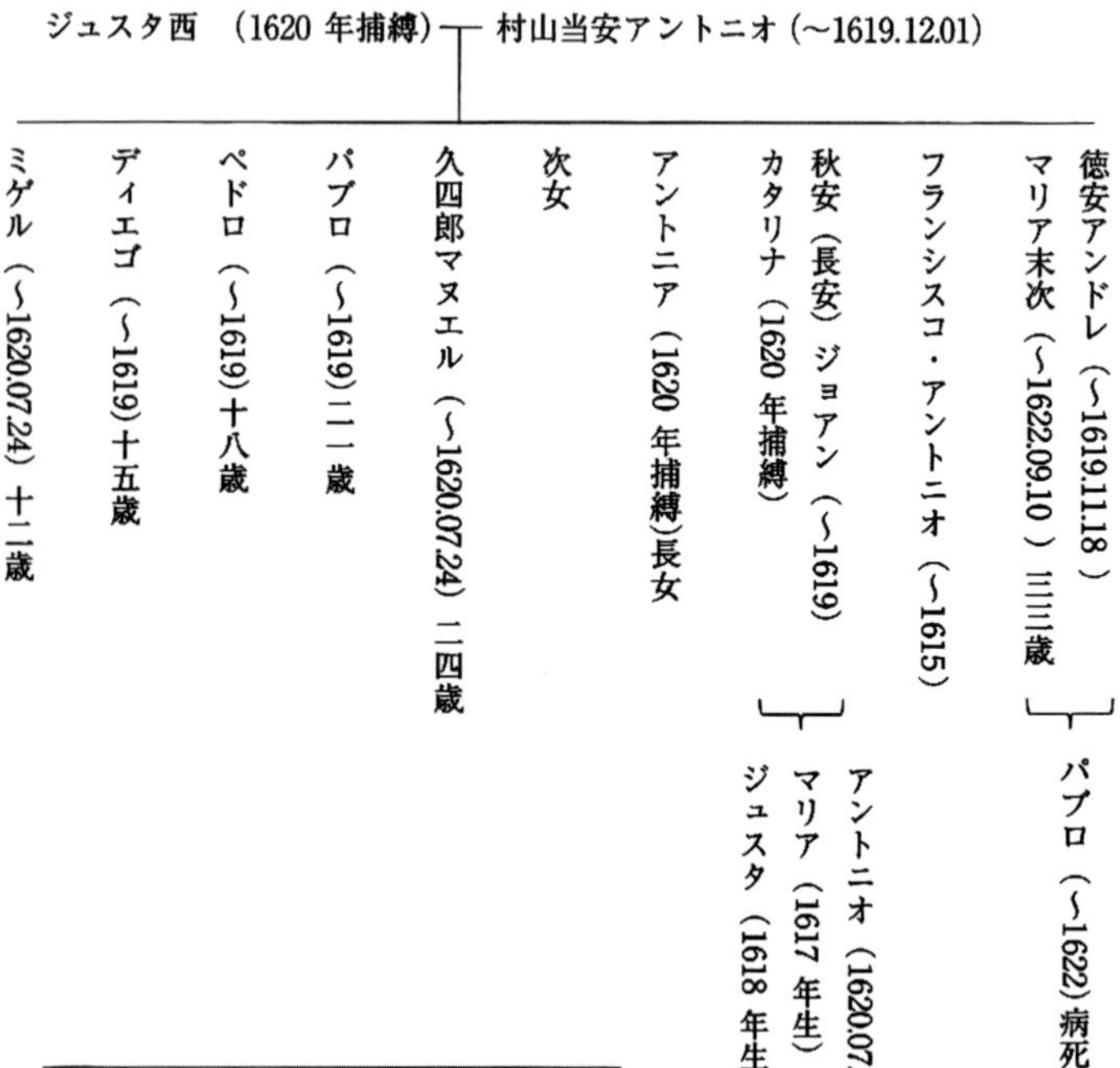

村山一族（1562～1622）

レオン・パジェス[1)]、アルバレス・タラドゥリース[2)]、アビラ・ヒロン[3)]を参考に作成

花十字紋瓦
サント・ドミンゴ教会跡から発掘された瓦で、十字架の先が花弁のように開いている。板葺きが一般的だった時代に「花十字紋瓦」を用いた教会は、さぞ豪勢に見えたことだろう（2022年サント・ドミンゴ教会跡資料館にて撮影）。

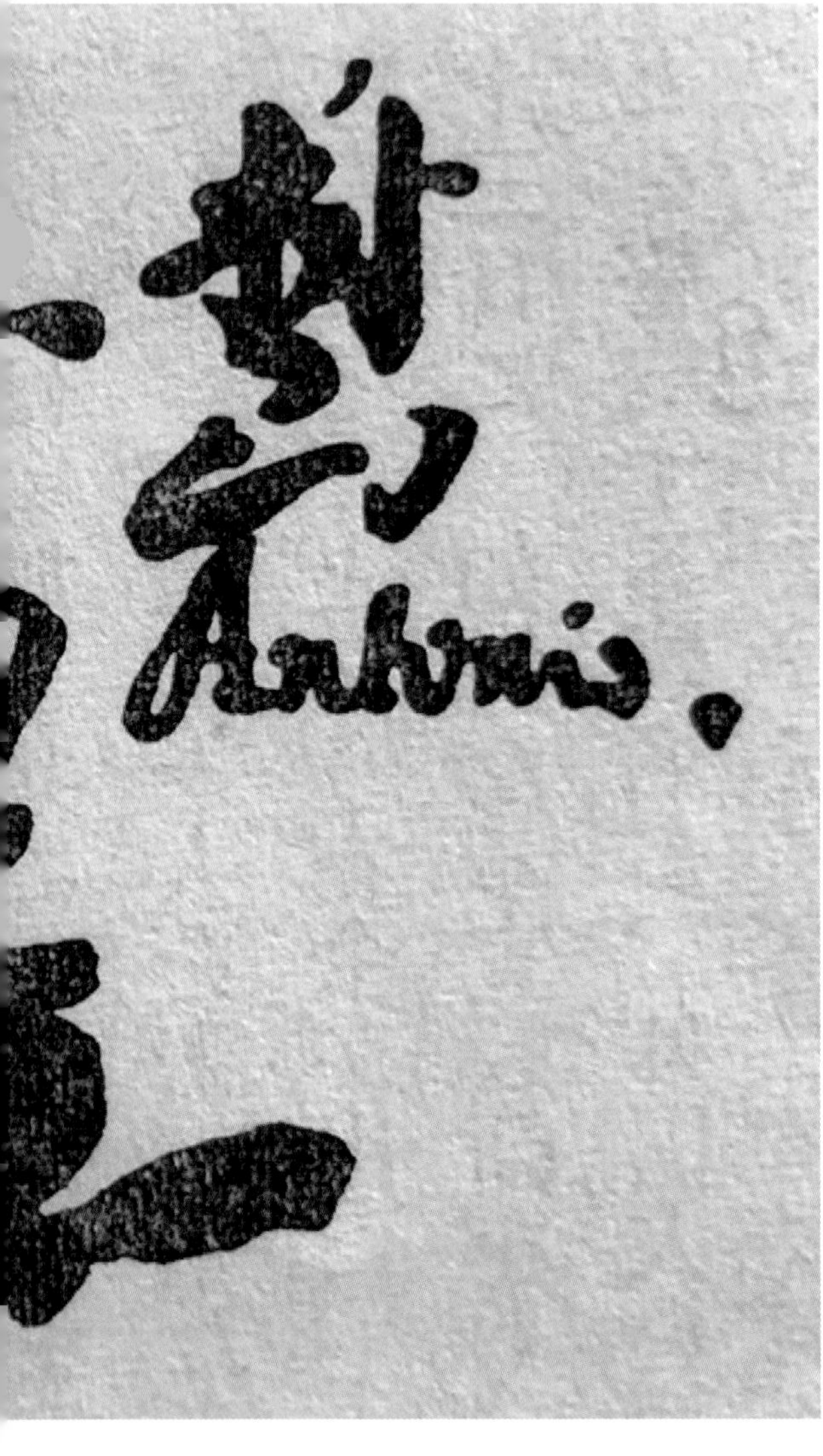

2 村山当安とロドリゲス・ツヅ

村山当安の署名

「村山安当仁与Murayama Antonio」と書かれている。村山当安については、肖像画はもちろん墓さえ残されていない。この署名の力強さだけが、当安という男の不遜と傲岸を今に伝えている。アルバレス・タラドゥリース[1)]より引用。

村山アントニオ

村山当安の出生地はいくつか想定されているが、ここでは博多としておこう。生まれたとき、すでに歯があったと書かれている。魔歯(まし)と呼ばれるもので、私も幾人か見たことがある。魔歯には何か呪術的な言い伝えがあったのかどうか私は知らない。長崎へ流れてきた当安はルソンの壺で商売をしていたというから、海外貿易に関わっていたのであろう。壺は「茶の湯」に用いたもので、相当に高価だったそうだ。長崎に住んでいたスペイン商人(アビラ・ヒロン)によると、当時の当安はポルトガル商人に使役されていたので、ポルトガル語が話せた。西洋料理がうまく、菓子つくりに秀でていたという。1592年、朝鮮出兵で名護屋にいた秀吉に長崎の商人を代表してあいさつに行き、当安の名前を授けられた。彼は名前を聞かれて「アント」と答えた。秀吉は「では、今後は逆さまにトーアンにしろ」と言った。為政者から名前を与えられるのは、最高の栄誉である。最初の図(P194~195)が彼のサインであり、「村山安当仁与(むらやまアントニオ)」と署名している。秀吉は、ここにある「安当」を「当安」に変えろと言ったのであろう。やがて長崎の外町を統べる代官となり権力をふるい始める。長崎は外町の当安と、内町の4人の頭人(のちの町年寄)により支配されるのである。

内町の支配者

イエズス会のトルレス布教長と大村純忠の合意で1571年に開港した長崎は、主に大村氏と有馬氏によって町建てが行われた。それまで平戸、薩摩、府内などに来航したポルトガル船は、これ以降は長崎を主要な貿易港として入港することになった。長崎の住民は、大村や島原のほか、初期には迫害され追放された平戸や横瀬浦や福田などのキリシタンであった。それが最初の六町である。住人はすべてイエズス会のキリシタンであった。一方、長崎港は要塞でもあり、実際に周囲から攻撃を受けてもいたので、諸国から流れてきた武士や、山賊や海賊のような腕っぷしの強い用心棒が必要であった。そうした中から、やがて町のまとめ役として「頭人《とうにん》」と呼ばれる人たちが現れる。高木ルイス勘左衛門、高島ゼロニモ了悦、後藤トマス惣太郎、町田ジョアン宗賀の４人である。カタカナの名前があるのはキリシタンだからであり、いずれもイエズス会に入信していた。

そうした町の発展の時期に、秀吉が九州征伐にやってきた。秀吉はイエズス会に寄進されていた長崎の地（内町）を取り上げて公領とし、４人の頭人には町年寄《まちどしより》として内町の支配を任せた。やがて町の発展が公領である内町を越えて、大村領に広がると、そこは外町とよばれるようになり村山当安が代官として支配した。

ジョアン・ロドリゲス・ツヅ

長崎における海外貿易はイエズス会が仲介した。イエズス会は「上からの布教」を進めるための資金が必要であり、ジョアン・ロドリゲス・ツヅはそのための財政係（プロクラドール）

であった。秀吉および家康は、通詞かつ通商担当者としての人物が必要であり、ツヅを重用した。彼は司祭でありながら、深く貿易に関与したのである。ジョアン・ロドリゲスは同名の神父（ジョアン・ロドリゲス・ジラン）がいたので、仲間からは「ツヅ」とあだ名でよばれた。ツヅは日本語の通詞のことで、仲間から「通詞」と呼ばれるほど日本語に通じていた。のちに日本語文法書（日本大文典・小文典）を作ったほどの言語学者である。一方で彼はポルトガル生まれでありながら、自国語が苦手であった。それは少年のころに自国を出たからで、ポルトガル商人の小間使いをしながら、アジアへ流れてきた。やがてイエズス会に入会して、その語学の才能を開花させる。彼は秀吉の通商代理となり、死の床についた秀吉にキリスト教への改宗をすすめたが、受け入れられなかった。時代が徳川に代わっても、ツヅはやはり家康の通商代理として重く用いられた。同じような立場にあった村山当安とは、行動を共にすることが多く、ごく親しい交わりがあった。

ジョアン・ロドリゲス・ツヅはマカオへ追放されたあと『日本教会史』を書いた。これは日本文化の解説書である。「茶の湯」の世界に魅入られていたツヅは、教会史の多くのページを割いて、茶道の神髄を伝えようとしている。教会内に茶室を作って仲間から不興を買ったこともある。ツヅはある種の天才でもあり奇人でもあった。小説的人物とも言えるであろう。

多重分裂

徳川の支配が確定したのは、大阪の陣以降である。その頃から、江戸、駿府、京都などでキリシタンの迫害が始まる。だが長崎は案外に平和であった。1614年の禁教令で、長崎に集められた神父たちが追放されるが、沖合に待たせておいた船で引き返したりしている。大追放と呼ばれる出来事だが、追放のやり方が厳密とは言えない。何となくだが、「長崎から国外へ追放した」というより、「全国から長崎へ追放」されたのではないかと思えてくる。長崎は為政者にとっては大事な貿易の場所、つまり収入源の地である。だから長崎だけは特別区として、キリシタンの収容地としての役割を考えていたのではないだろうか。神父を追放しながら、その多くが引き返して市内に雑居している。そういう状況を、為政者が本気で追放するつもりなら果たして見逃すだろうか。教会を破壊したと言いながら、トードス・オス・サントスとミゼリコルディアの教会は残している（1619年に破壊された）。

長崎で最初に棄教した人物が出たのは、「禁教令」や「大追放」の後、1618年のことで、町年寄のひとり高木作右衛門（宗順）であった。ちなみに4人の町年寄のうち町田ジョアン（崇賀）は最後まで棄教せず追放されている。同じ1618年には末次平蔵が村山当安を訴える事件が起きた。町年寄のうち高木と町田は平蔵側についた。それは高木・町田がイエズス会であるのに対し、当安がスペイン系のドミニコ会を支援したからである。訴訟が深刻になると、平蔵と高木はイエズス会から離れたが、町田と村山は教会から離れなかった。複雑に反目し合う中で、イエズス会のロドリゲス・ツヅは当安らの策動により1610年にマカオへ追放された。ツヅと当安の妻との不実な関係を指摘する文書も残っている。ツヅはしきりに当安の家を訪問し、妻とトイレに同行したり、胸を触ったりしていたというのである。真実であれば破門されているはずだから、後付けであろう。讒言はイエズス会とスペイン系修道会との激しい闘争の一端と考えられる。当安と平蔵の訴訟は紆余曲折を経つつも、棄教した平蔵に対して、最後までキリシタンであることを認めた当安は敗訴した。こうして一代の傑物・村山当安は江戸近郊で斬首されたのである。

16世紀の長崎は歴史を持たない新興都市であった。一方でキリシタンの治める宗教心に満ちた土地であり、他方で無頼たちのたむろする暗黒街でもあった。そういう町を支配した村山当安は善悪の振幅が大きく、信仰と物質の両面において苛烈な人物であった。キリシタンとして堅固でありながら商人として狡猾無恥であった。家系も階級も不分明であり、現代から見れば、時代を超越した近代性を有していたようにさえ思える。当時の長崎を象徴する人物であった、と私には思われるのである。

参考文献

1　アルバレス・タラドゥリース（佐久間正訳）、村山当安に関するヨーロッパの史料（1~3）、日本歴史235,245,256、1967 ~ 1969

日本26聖人殉教図

ルイス・フロイスによると、「（日本26聖人殉教事件の際）フランシスコ・パシオ神父とジョアン・ロドリゲス神父は（中略）処刑される人々を励ますため絶えず十字架のそばにいた」。そして神父たちも監視人から殴打され、それを我慢していたと書いている。立札の傍で祈る黒服のイエズス会神父のうちどちらかがツヅ神父であろう。（マイケル・クーパー[4]より引用）

2　アビラ・ヒロン（佐久間正ほか訳）『日本王国記』岩波書店 1965
3　ジョアン・ロドリゲス・ツヅ（佐野泰彦訳）『日本教会史』岩波書店 1991
4　マイケル・クーパー（松本たま訳）『通詞ロドリゲス』原書房 1991
5　山崎信二『長崎キリシタン史』雄山閣 2015
6　ルイス・フロイス（結城了悟訳）『日本26聖人殉教記』聖母文庫 1997

3　1619年

徳川家康とスペイン

長崎の1614年は、聖行列や大追放や教会破壊であわただしく過ぎ去った。キリシタンの迫害は、すでに日本の各地ではじまっていた。しかし長崎については、その後しばらくはキリシタン特別区の様相を呈していた。すなわち長崎には、嵐の前の不気味な静寂があった。禁教令は発せられたものの、それを実行する手段が確立していなかったこともあるだろうし、何といっても、長崎は海外貿易の拠点である。簡単につぶしてしまえるものではなかった。この間、徳川家康は長崎以外の海外貿易港を探していたに違いない。その試みのひとつが、1613年、伊達政宗がフランシスコ会宣教師であるルイス・ソテロおよび藩士の支倉常長らをスペイン国王とローマ教皇のもとに派遣した慶長遣欧使節であったと、私は考える。すでに江戸幕府の禁教政策が明らかな1613年に海外使節を派遣した仙台藩の行動は、以前から不可解な気がしていた。だが、この交渉団が家康の後ろ盾の下に送られたと考えれば得心できる。家康は、長崎におけるポルトガルとの交易を廃止し、代わりにスペインとの交易を仙台藩に行わせることを考えていたのではないだろうか。あるいは江戸や駿府など、幕府の近くでスペインを相手に交易を行うことができれば、長崎とイエズス会とのつながりを抹消させることができる。家康はそう考えたはずである。

慶長遣欧使節

この時代、ローマ教皇の裁断により、アジアへの航路は、ポルトガルは東回りのインド（ゴア）・マカオ経由、スペインは西回りのメキシコ（アカプルコ）・マニラ経由のみが許されていた。1609年、前フィリピン総督のドン・ロドリゴがヌエバ・エスパーニャ（現メキシコ）への帰任に際して上総（現在の千葉）に漂着し、地元民に助けられるという事件が起こった（この事件は星野博美『みんな彗星を見ていた』に詳しい）。1611年、スペインから返礼として探検家ビスカイノが来日した。慶長遣欧使節は、このビスカイノの協力のもとに建造したガレオン船で派遣されたのである。使節団は仙台からアカプルコ経由でスペインへ行き、フェリペ3世を訪ね、それからローマ教皇に謁見した。その目的は、スペインとの交易を長崎以外の地で始めたいということではなかったかと想像する。だがこの計画は失敗に終わった。スペインとの交渉が決裂すると、家康の目はオランダ・イギリスに向けられる。

カトリック対プロテスタント

徳川家康はポルトガル人でイエズス会のジョアン・ロドリゲス・ツヅ神父を外交顧問とし

元和5年（1619年）の殉教図（ローマ・ジェズ教会所蔵、部分）

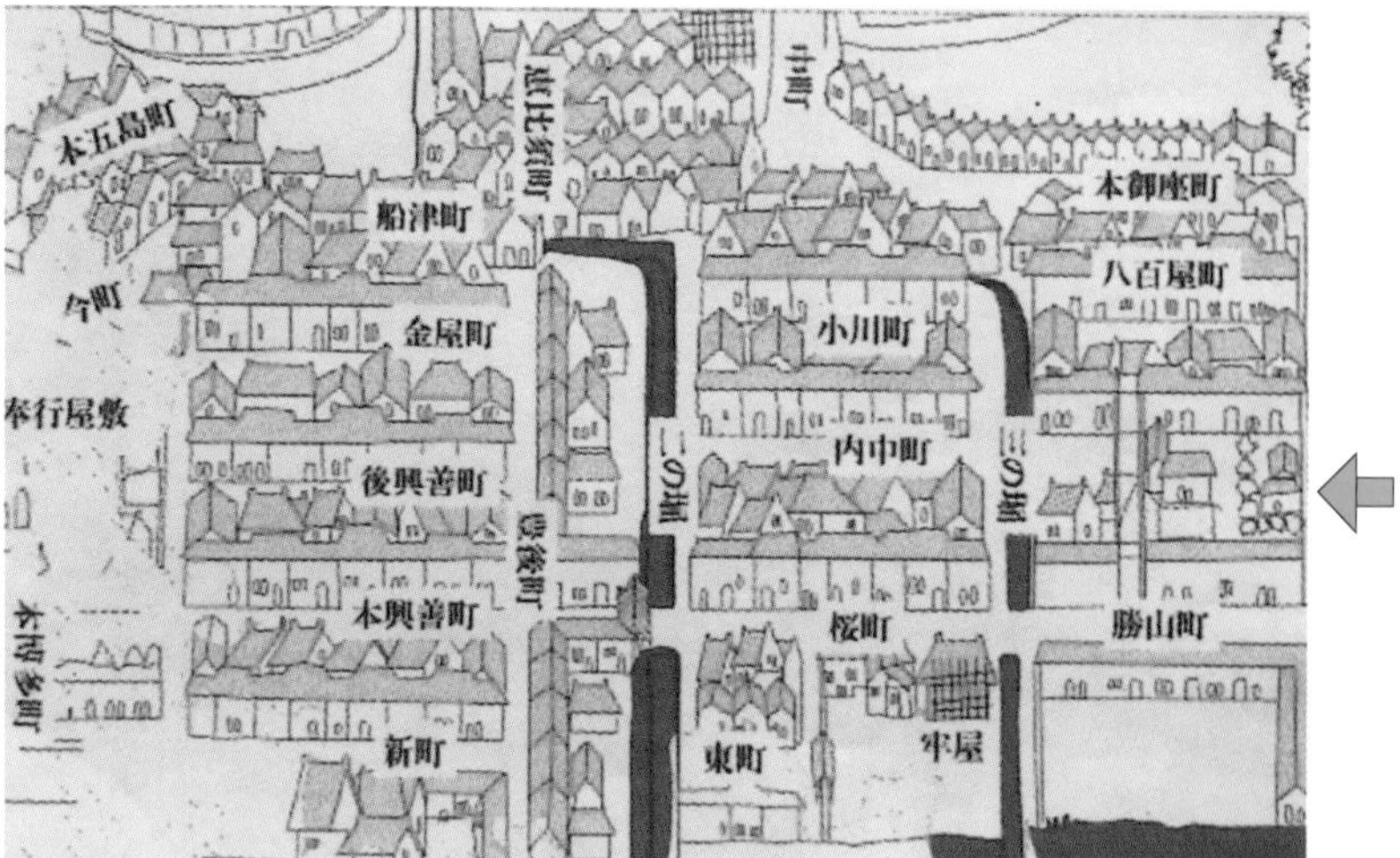

元和5年（1619年）の殉教図（ベビオ・アマロ[2)]より部分引用）

矢印は末次平蔵屋敷であり、元はサント・ドミンゴ教会があった。石畳がある。

ていた。すでに述べたように、1610年、ロドリゲス・ツヅが村山当安との不和でマカオへ追放されると、家康はツヅに代えてイギリス人のウイリアム・アダムス（三浦按針）を外交の相談役とした。ここからカトリックとプロテスタントとの争いが始まる。アダムスは家康に対し、ポルトガル・スペインとの交易の危険性を強調した。またオランダやイギリスの艦隊は、日本へ向かうポルトガル船を激しく攻撃した。江戸幕府は次第に禁教政策を強化した。幕府は、1609年には平戸にオランダ商館、1613年には同じくイギリス商館の建設を許可し、プロテスタント国との交易を開始した。その一方、1624年にはスペイン船の来航を禁じた。

1616年、キリシタン政策に慎重な徳川家康が死んだ。1605年から将軍であった徳川秀忠は、家康の後見から解放され、彼の独裁が始まる。長崎はいよいよ、迫害と殉教の時代へと突入するのである。

1619年の長崎

徳川秀忠は長崎におけるキリシタン政策を強化した。奉行に命じて信徒の家にかくまわれている神父たちの探索を命じ、神父本人のみならず、その宿主に対しても厳しい処罰を行った。長崎ではキリシタンの棄教や逃亡が始まろうとしていた。5万人の人口はキリシタンの逃亡により半減し、破壊された教会の跡地には寺が建ち、キリスト教徒による結社はことごとく禁止された。１６１４年の大弾圧を逃れた教会やミゼリコルディア、キリシタン墓や病院さえ破壊を逃れられなかった。人別帳を作成し、相互監視の体制を整え、密告を奨励して報奨金を出した。１６１８年からは、長崎の町年寄からも棄教する者が現れ、棄教しないものは追放された。１６１９年、村山当安は江戸近郊で斬首された。

同じ１６１９年、西坂において大掛かりな見せしめの処刑が行われた。イエズス会のレオナルド木村修士のほか、神父たちをかくまった４人の宿主が火あぶりとなった。ドミニコ会のモラーレス神父をかくまった村山当安の長男である徳安、同じくメーナ神父の宿主である吉田秋雲、オルスッシ神父らの宿主であるコスメ・武谷（または竹屋）およびスピノラ神父らを家にかくまったポルトガル商人のドミニコ・ジョルジの４人である。彼らは、木村、ジョルジ、徳安、秋雲、タケヤの順に並べられ、とろ火による火あぶりを受けた。木村修士は炎が綱を切ると地面にかがみ、燠火《おきび》をかき集めて頭にのせ、讃美歌を歌ったと書かれている。骨と灰は残らず船で沖に運ばれ投棄された。信者たちは、その遺物を集めて保存した。殉教が信者たちの宗教心を弱めることなく、むしろ強化させる状況を見た為政者たちは、次第に英雄的な殉教を許さなくなり、穴吊りなどの拷問によって棄教させることを目指すようになる。

最古の長崎地図

２０５ページの絵画は元和５年の殉教を描いたものの一部で、ローマ・ジェズ教会が蔵している。そこに当時の長崎の町が描かれている。1619年の長崎である。殉教から数年後、マカオで日本人絵師により描かれたものと推定されている。これが長崎のもっとも古い地図である（殉教図の全体像は184〜185ページに掲載）。町並みは詳細に描かれており、堀や牢屋の位置などから、当時の長崎を再現することができる。次の解析図は、ベビオ・アマロ氏の論文から引用した。キリシタン迫害が強化され、教会は寺と入れ替わり、長崎が次第に仏教徒の町へと変貌する時期の様子である。

1614年に破壊されたサント・ドミンゴ教会は村山当安の寄進で建てられたが、同所は彼の訴訟相手であった末次平蔵の屋敷になっている。平蔵はイエズス会を捨て、当安の土地を奪い、仏教徒として長崎を支配した。地図には、日本最初と思われる石畳が平蔵屋敷に描かれているが、これは2002年、サント・ドミンゴ教会跡地から発掘されている。

参考文献

1 サントリー美術館ほか『南蛮美術の光と影』2011
2 ベビオ・アマロ：港市長崎におけるキリシタン施設に関する研究。東京大学大学院工学系研究科（博士論文）
3 パブロ パステルス（松田毅一訳）『16・17世紀 日本・スペイン交渉史』大修館書店 1994
4 星野博美『みんな彗星を見ていた』文春文庫 2018
5 レオン・パジェス（吉田小五郎訳）「日本キリシタン宗門史」岩波文庫 1938

サント・ドミンゴ教会跡から出土した石畳

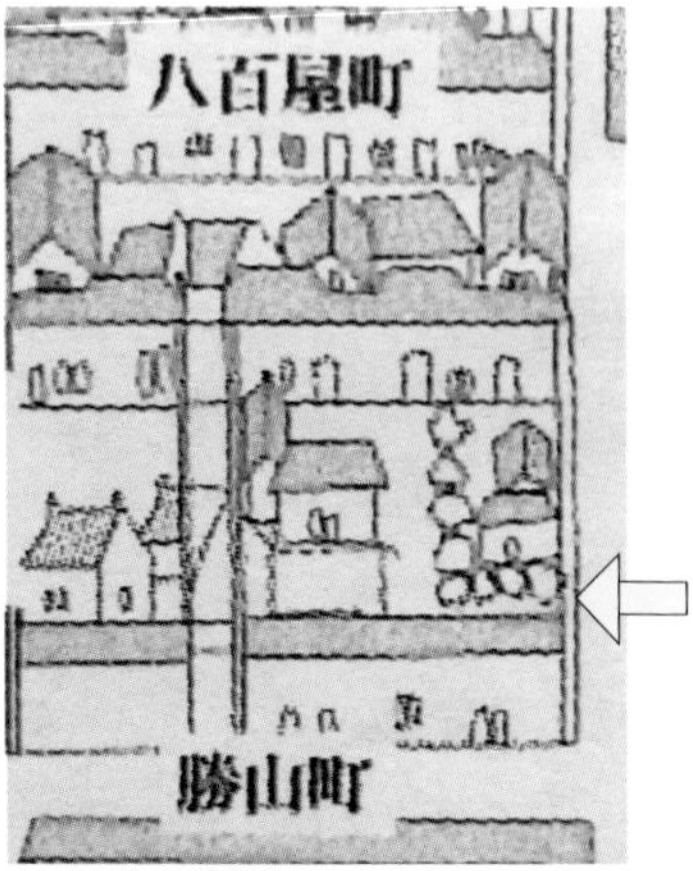

元和5年の殉教図（部分）

左はサント・ドミンゴ教会跡から発掘された石畳。右は元和5年の殉教図を解析したアマロ氏の論文から引用したもので、矢印は教会にあった石畳と考えられる。

4 マインド・コントロール

置いてある。生焼けにするのである。この図から、当時の西坂が海に向かって飛び出した場所であったことが判然とする。184〜185ページ(元和5年長崎大殉教図)および217ページ(16世紀から17世紀初めの長崎)を参照されたい。

元和8年（1622年）長崎大殉教図（ローマ・ジェズ教会所蔵）

1622年、長崎の西坂で55人（火刑25名、斬首30名）のキリスト教徒が殉教した。本図は西洋画を学んだ日本人絵師が処刑を目撃し、マカオで描いたものと考えられている。火あぶりは西洋にもあった。磔の下に薪を積み、火を付ければ人はすぐに死ぬ。だが、ここでの薪は殉教者からわざと離して

豊臣秀吉のキリシタン抑制

為政者は、キリシタンの町である長崎をコントロールする必要があった。一挙に改宗を進めることは民衆の反発による危険が伴うことから、いくつかの段階に分け、徐々に改宗を進めることを考えたはずである。民衆の意識操作は、国が変わろうと政府が変わろうと時代が変わろうと、ほとんど同じ手段がとられてきた。抑圧と追放と見せしめ、懐柔（飴玉）と迫害（鞭）、そして最後まで棄教せず残ったものは殺害して蓋をするのである。後世に何と言われようと、その場にいる当事者は知らぬ存ぜぬを決め込む。キリシタンについても、ほぼ同じ政策がとられたが、神父たちの殺害（殉教）は、むしろ信者を増やしたことから、終いには「転ばせる」政策を優先して行った。

「抑圧」と「見せしめ」は豊臣秀吉のバテレン追放令（1587）でスタートした。バテレンとは司祭（パードレ）のことである。厳格な禁教令ではないので、当初は一般信徒が迫害を受けることはなかった。京阪でいくつか南蛮寺が破壊され、イエズス会はしばし逼塞を余儀なくされた。だが南蛮貿易を重視した秀吉は、イエズス会の関与の重要性を理解してからは態度を軟化させた。しかし10年後の日本26聖人殉教事件は、「見せしめ」の典型であった。この事件は、ポルトガル系のイエズス会のみに認められていた日本布教に、スペイン系修道会であるフランシスコ会が参入してきたことで引き起こされた。彼らは、粗末な衣服に素足であり、食事も清貧を旨としており、キリシタン大名など上からの改宗を進めていたイエズス会とは鋭く対立した。フランシスコ会は、バテレン追放令をものともせず、近畿地方で貧者相手の布教に努め、長崎では外町を中心に信者を増やした。そのような行動が秀吉を刺激し、主に近畿地方のフランシスコ会宣教師が捕らえられ、わざわざキリシタンの町である長崎まで連行されたうえで処刑された。日本26聖人殉教事件である。

当初、長崎のキリシタンは全員がイエズス会に属したので、秀吉は長崎の住人や宣教師には手を付けていない。このように日本26聖人の殉教は、長崎のキリシタンへの見せしめ（脅し、予告）だったと考えられる。

徳川家康のキリシタン政策

豊臣秀吉の死後、次の天下人を決めるため関ケ原の戦いがあった。勝利した徳川家康は、秀吉が抑制したキリスト教をいったん放置した。大阪には秀頼がいるから、次の戦いは必定である。家康には、キリシタン勢力を大阪側につかせたくないとの判断があった。とてつもない富を生み出す海外貿易のことも考慮しなければならない。同じころ、スペイン系修道会が家康に近づいてきた。当時の東西交流は、ポルトガルが東回り、スペインが西回りであることが定められていた。ポルトガルはインドから中国（マカオ）へ、スペインはメキシコ（アカプルコ）からフィリピン（マニラ）へ渡来し、そこを中継して日本を目指した。家康は旧勢力のイエズス会と手を切り、スペイン系修道会を通じての貿易継続を考えていた。浦賀や江戸湾への入港をスペイン人と話し合った。伊達政宗による遣欧使節はスペイン系修道会の援助によって行われたが、家康による海外貿易の試みであったことが想定される。

家康は1612年に直轄地、翌年には全国に禁教令を出した。だから、自分自身で貿易のための使節を送るのはためらわれた。彼は1612年、伊達政宗を介してスペイン領であるメキシコに使節を送った。支倉常長ら慶長遣欧使節団がアカプルコに着いたのは、長崎で大追放が行われたのと同じ1614年である。家康は、一方でキリシタンの追放を行いながら、他方では貿易のための道を探っていたのである。大阪の陣は1615年に終結し、徳川の世は盤石となった。次の国内問題こそがキリシタン問題である。その処理を考慮中の1616年に家康は世を去った。家康のキリシタン政策は懐柔（飴玉）であり、次代の秀忠・家光からは、いよいよ迫害と殉教の時代が始まる。

徳川秀忠の考えた長崎皆殺し

長崎のことを記した古書（六本長崎記）によれば、徳川秀忠は長崎そのものの殲滅《せんめつ》まで考えていたという。「（キリスト教から仏教への改宗が進まないならば）いましめのため、（長崎の）四方より火をかけ、善人も悪人もともに焼き尽くし、新しくほかの土地の人間と入れ替えよ、との上意があった」というのである。当時の長崎奉行であった長谷川権六は「自分に命じていただければ、2～3年のうちには残らず正法（仏教のこと）に帰せしめてみせます」と言って、とりあえず収まったというのだ。殲滅というと、家光の時代ではあるが、のちの島原の乱を想起させる。また1618年、バルタザール・デ・トレスはその書簡で、「彼（秀忠）の統治はまだ満2年にもならないが、彼は父（家康）の15～16年間に匹敵する以上の殉教者を生み出した」と言っている。秀忠の悪評は宣教師たちの間に広まっており、長崎ホロコーストの件も、噂話として世間に知られていたのであろう。

1600年代はじめに5万人ほどであった長崎の人口は、1616年には半数の2万5千人まで減少している。人は住みやすいところへ移動する。キリシタンが迫害されたから逃げたというより、おそらく住みづらくなった長崎から逃げ出したのであろう。デウス号事件でポルトガルとの関係が悪化し、ポルトガル船の長崎入港が2年間なかったことも響いたことだろう。南蛮船が入港しないと、長崎に金が落ちない。すると住民から仕事が失われる。住民は仕事を求めて、他の地域へと移動するのである。

大阪の陣が終わり、徳川幕府が武力で制圧すべき仕事のおおよそは終了した。次の仕事は民衆のマインド・コントロールである。幕府は将軍以上の存在を欲しなかった。つまり神は要らないのである。自分たちでは制御不能な宗教もまた不要であった。そのことは一向一揆で十二分に分かっていた。為政者にとって都合のいい宗教、それはあたりさわりの少ない神仏であり、先祖崇拝であった。つまり神道であり仏教であり儒教である。秀吉は「豊国大明神」、家康は「日光大権現」として神様になった。長崎の教会群は寺社仏閣に変じた。民衆の教育は儒教（朱子学）をもって行われ、マインド・コントロールは粛々と民衆に沁み込んでいったのである。

キリスト教徒の本格的な弾圧は、秀忠の時代に始まり、家光はそれをさらに強化した。日本中どこへ行っても、キリシタンは絶滅させられる時代が来たのであった。

参考文献

1 サントリー美術館ほか『南蛮美術の光と影』2011

2 ディエゴ・パチェコ：潜伏した宣教師たち『九州キリシタン史研究』1977

3 ベビオ・アマロ：港市長崎の成立に関する研究。東京大学大学院工学系研究科

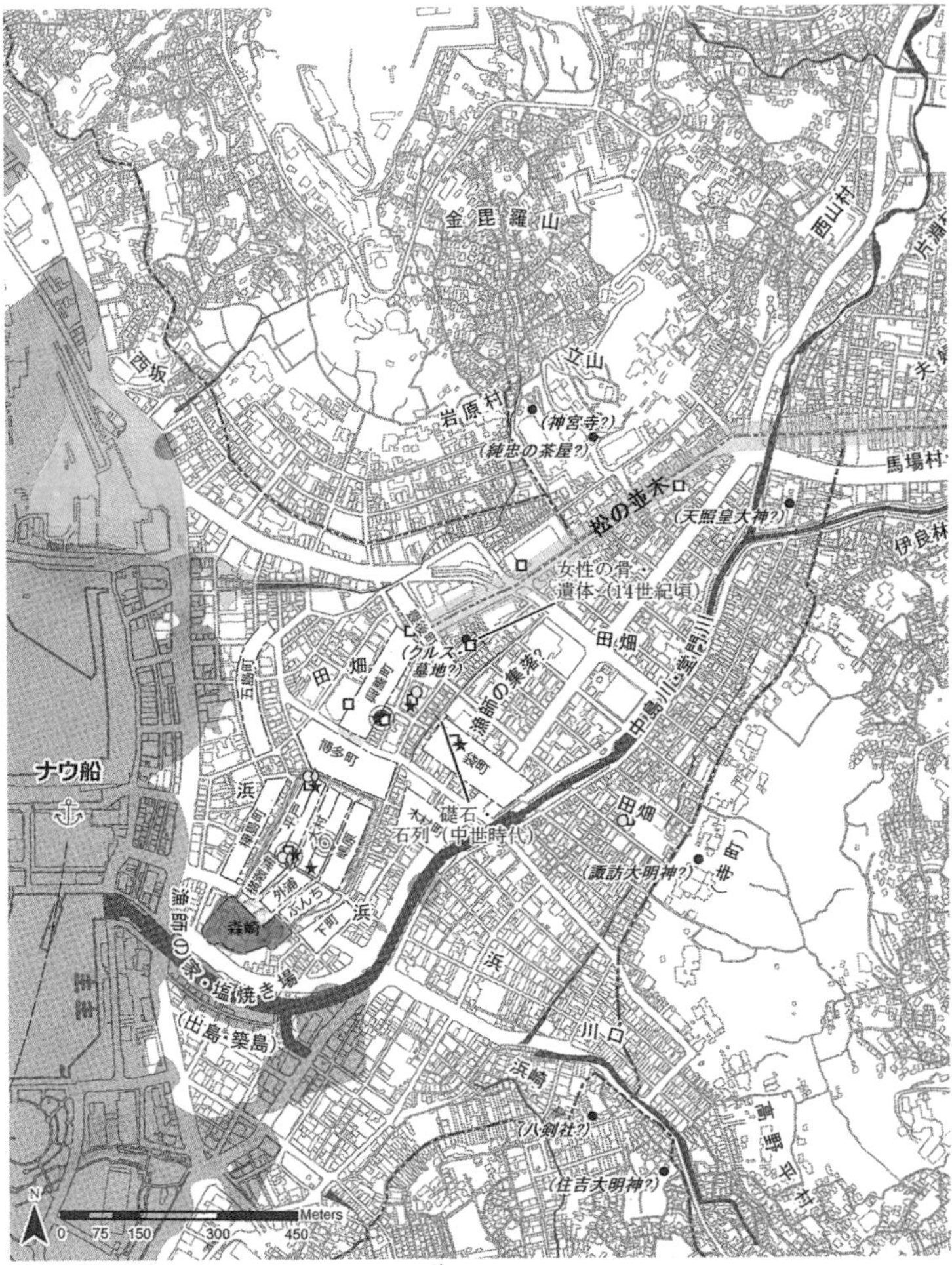

16世紀から17世紀初めの長崎（アマロ氏[3]より引用）

西坂は以前から処刑の地であったが、日本26聖人の殉教後は26本の記念樹が植えられ、「聖山」と呼ばれるようになった。その後は元和の大殉教をはじめ、多くの殉教がこの場所で行われた。当時は海に向かって半島状に飛び出しており、殉教に際しては、陸も海も、数万人の見物人でうまった。殉教者を焼く火や煙は、「岬の教会」からも遠望できたのではないだろうか。今も、西坂の丘に立つと、崖下まで海が迫っていた時代の景色が彷彿とする。西坂を黄、「岬の教会」を青で示す。

5　円形劇場

長崎の支配者

長崎がまだ六町だったころ、「内町」の実質の支配者であったのは4人の頭人（のちの町年寄）であった。その名前は、越中哲也『長崎初期キリシタンの一考察』から拾うと「高木作右衛門入道了可、後藤諸羽左衛門入道宗印、高島四郎兵衛入道了悦、町田惣右衛門入道宗加」とあり、4人のうち最初の3人は、それぞれ佐賀の高木、武雄、藤津で小さな城をもつ武士であった。開港後しばらくの長崎は周囲の豪族から襲撃されたので、いわば用心棒のような形で支配層になったのかも知れない。4人目の町田は最後までキリスト教を捨てず追放されているので、現在まで彼の情報は残っていない。

今回、長崎における奴隷貿易の実態を著書（『大航海時代の日本人奴隷』）にした研究者ルシオ・デ・ソウザ氏と岡美穂子氏の二人にインタビューをしたところ、若いころの町田宗加についての実際を聞くことができた。それによると、宗加は教名をモロ・ジョアンといい、ポルトガル人と一緒に海賊もどきの仕事をしていたというのである。それがどういう経緯で長崎の支配層に入り込んだのか、調査は現在も続けられているという。つまるところ、長崎の最初

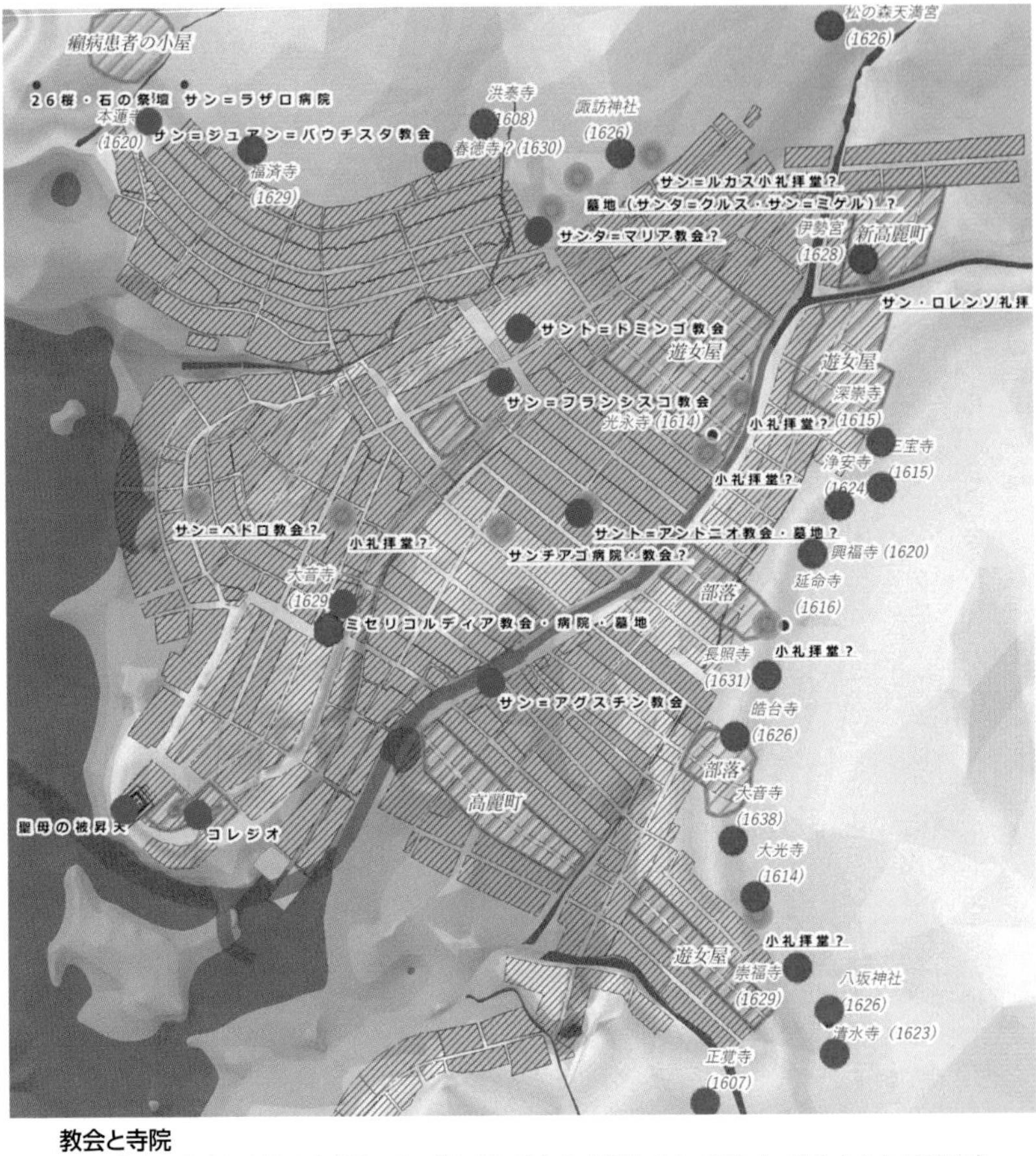

教会と寺院
1614年まで存在した教会を青丸、その後に建てられた寺院を赤丸で示した。教会を含む長崎を寺院が取り囲んでいる。まるで円形劇場である。果たして長崎を支配し、住人を圧迫し、互いに疑心を植え付け、懐柔と迫害を加え、その様子を楽しんで見ていた観客は誰だったのか（文献[1)]を元に作成した）。

の実質の支配者は、山賊と海賊だったというわけである。城の代わりに教会があるような町が、長崎以外にはなかったから当然ではあるが、長崎における身分制度は、他の土地とは相当に違ったものであったのだろう。「外町」の支配者であり代官であった村山当安についてはすでに述べたのでくり返さない。彼は1619年に斬首され、代官は末次平蔵に引き継がれた。

長崎奉行

開港以降の長崎の支配者は、大村純忠（1571-1580）、イエズス会（1580-1587）、豊臣秀吉（1587-1598）と移り変わった。1592年に朝鮮出兵が始まると、秀吉は名護屋（唐津）から寺沢広高を奉行として長崎へ派遣した。寺沢は本博多町に奉行所を定め、11年間を長崎奉行として勤務した。徳川の時代になり、大追放（1614年）の頃からは幕府から派遣された長谷川藤広（左兵衛と通称された）、あるいは後継の長谷川藤正（通称は権六）が権力を発揮した。ことに権六は町の有力者に働きかけて棄教を迫った。その結果、町年寄の高木氏や代官の末次平蔵は1618年には棄教した。権六はキリシタンを圧迫するとともに、寺院を多く建立し、諏訪神社を再興した。イエズス会の会計担当で天文学者でもあった宣教師カルノ・スピノラを摘発したのも、宣教師の告発者に報奨金を与えたのも権六の手腕である。スピノラは元和の大殉教（P210~211）における殉教者55人のひとりとなった。

次の長崎奉行である水野守信（1626年）が着任すると、キリシタン政策はさらに厳しいものになった。町年寄のうち棄教を拒んだ町田宗加と後藤宗因は町を離れた。5万人といわれた長崎の人口は、町の荒廃とともに半減したため、キリシタンを殺害することから転ばすことへと方針転換をはかった。絵踏みは水野の考案とされている。次の竹中重義が奉行になると、雲仙における拷問や穴吊りなど苛烈なまでの迫害・拷問が行われ、キリシタンの「転び」は急増した。この間に長崎の景観は教会から寺院へと著しく変化することになる。

教会破壊と寺院建立

1614年は長崎破壊の年である。この年、ほぼすべての教会が破壊された。日本26聖人記念館館長であった結城了悟氏（パチェコ・ディエゴ）は次のように書き残している。

「徳川家康は教会の破壊を平戸殿、大村殿、佐賀殿に命じていた。奉行、長谷川は長崎の地元の人々にもその取壊しの仕事を頼んだが断られた。イエズス会岬の教会の破壊は松浦隆信に任され、十一月三日から作業が始められ八日に終った。教会の破壊を急ぐため半分だけ壊し、建物に火を付けるように命令した。山のサンタ・マリアは大村の人々の手によって八日に壊され、同じく大村の人々によって十一日サン・アントニオ教会、十二日サン・ペドロ教会、十五日サンティアゴ病院の教会が破壊された。サン・ドミンゴ教会は十二日から十四日の間に壊され、サン・フランシスコ教会は佐賀の鍋島に任され、十五日から十七日にかけてその作業をしていた。突貫作業のため建物が崩壊して働いていた人が数名その下敷になった。サン・アウグスチノ教会は十一月九日に破壊された」

ミゼリコルディアや小さな礼拝所などは破壊を免れたが、それらも１６２０年までにすべて破壊された。そしてキリスト教の教会と入れ替わるように、日本寺院の建築ラッシュが始まる。

大追放（１６１４年）以前に存在した寺院で最も古いとされるのは悟真寺《ごしんじ》（１５９８年）である。むろん長崎がキリシタンの町になる以前はいくつかの寺院が存在したであろう。だが、それらは１５８０年、大村氏が長崎をイエズス会に寄進した際すべて破壊された。越中氏から聞いたことだが、長崎がキリシタンの町であっても、中国からの来航者には寺院が必要であった。そこで目立たないように、対岸の稲佐地区に中国人のための寺として悟真寺を建てたということである。つまりキリシタン禁令（１６１３年）以前に建立された寺院は、悟真寺を除けば正覚寺（１６０４年）のみということになる。禁令後に大追放（１６１４年）があり、それから寺院建立のラッシュが始まっている。１６１４年には大光寺および光永寺、１６１５年は三宝寺、晧台寺および深崇寺、１６１６年は延命寺、１６１７年は大音寺、１６２０年には興福寺および本蓮寺が建立された。その後も法泉寺、清水寺、浄安寺と、破壊された教会の跡地を囲むように寺院が立ち並び、長崎は仏教の町として再構築されていく。最初の図（Ｐ２１９）はその様子を示したものであり、見事なほどに、教会跡地を寺院が取り囲んでいる。

同時期には、キリシタンの墓地もまた破壊され、骨は持ち去られた。破壊された教会の木材は、寺院に再利用されたものもあった。住民は自宅に司祭を迎えないとの署名を書かされ、宣教師たちの探索と殉教が始まった。住民は互いを監視させられ、密告に対する報奨金を受け取り、寺請制度（檀家制度）によっていずれかの寺院に所属させられた。そのことは、今に残る長崎の古い人別帳（長崎平戸町人別帳）を紐解けば明らかである。たとえば平戸町の乙名であった石本新兵衛は、寛永11年（1634年）、次のような言葉を残している。

「生まれは壱岐でしたが、両親とともに平戸に渡りました。元は浄土宗でした。天正4年（1576年）、14歳のとき長崎大村町に出て、その時キリシタンになりました。父とともに末次船に乗り込んで異国へ渡ったのですが、22歳で6歳下の女房を得、1男2女を産みました。女房は平戸の出身で、天正7年（1579年）、9歳のころ、長崎大村町に出て、浄土宗だったのがキリシタンになりました。妻の両親は平戸で死んでいます。

私は寛永3年（1626年）、息子とともにキリシタンを転び、法華宗になり、本蓮寺の檀家になりました。女房と娘たちは、寛永7年（1630年）までキリシタンを信奉していましたが、転宗して本蓮寺の檀家になりました」

長崎では1630年までにほとんどのキリシタンが棄教したとされている。はたして心はキリシタンでありながら、仏教徒であることを強制された長崎の住民たちに、どのような傷跡が残ったであろうか。

隠れユダヤ教徒

ところで、当時のヨーロッパで日本のような宗教的迫害があったことをご存じだろうか。私は不覚にも無知であったし、知ったときは本当に驚いた。

長崎でキリスト教徒が迫害を受けていた頃、ポルトガルやスペインでは、同じキリスト教徒によるユダヤ教迫害が行われていた。1492年、イベリア半島のムスリム勢力を駆逐して国土回復運動（レコンキスタ）が完了すると、キリスト教純化がとなえられ、彼らの目がユダヤ教徒に向けられるようになった。そうして「ユダヤ教徒追放令」が発布されたのである。ユダヤ教徒は「キリスト教に改宗して洗礼を受けるか、または4か月以内に国外退去」することを求められた。キリスト教に改宗したものは「新キリスト教徒（コンベルソ）」とよばれたが、なかにはキリスト教徒を装いながら、密かにユダヤ教を信仰する人たちがあった。いわば「隠れユダヤ教徒」である。彼らは異端審問にかけられ、「隠れユダヤ教徒」が発覚したものは、財産没収のうえ死刑を宣告され、火あぶりにされたというのだ。「隠れユダヤ教」を「隠れキリシタン」に置き換えれば、日本での出来事そのままではないか。

そして長崎にも「新キリスト教徒」がいた。それも私には身近な人物である。日本へ来た最初の西洋医であり、日本最初の病院を府内に建てたルイス・デ・アルメイダ修道士はキリスト教宣教のため八面六臂の働きをした。しかし司祭への叙階がなかなか許されなかった。

彼は元ユダヤ教の「新キリスト教徒」だったというのだ。私の驚きは倍加した。『天球論』などを著したペドロ・ゴメスは第2代日本準管区長であり、学識豊かな神父であった。彼もまた「新キリスト教徒」であったが、彼はそれを隠していた。

ポルトガルやスペインから追放され、あるいは逃亡した「隠れユダヤ教徒」は、日本を含む東アジア方面に活路を見出していた。世界を逃げ回る「隠れユダヤ教徒」は、日本にまで逃亡していたというのだ。彼らの姿は、同じように日本で潜伏を余儀なくされた「隠れキリシタン」の姿と重なるのである。

「鎖国」以前の日本は、よい意味でも悪い意味でも、世界の一員として存在していたし、長崎はそうした時代の日本を代表する都市であった。

円形劇場

ギリシャやローマに限らず、ヨーロッパ世界には円形劇場の痕跡が多い。人と人、人と獣を戦わせ、それを支配者は片手に美女、もう一方に美酒をもって、笑いながら楽しんだ。長崎の歴史はこうした円形劇場にあてはまらないだろうか。最後の絵（P227）はシチリア島にある円形劇場である。美しい海と三方を丘に囲まれた景観のみならず、そこで行われた醜い歴史のあとまでも、長崎に似ているように思われる。

参考文献

1 ベビオ・アマロ：港市長崎におけるキリシタン施設に関する研究。東京大学大学院工学系研究科（博士論文）
2 越中哲也『長崎初期キリシタンの一考察』長崎純心大学博物館 2009
3 五野井隆史『日本キリスト教史』吉川弘文館 1990
4 九州史料刊行会編『長崎平戸町人別帳』1965
5 結城了悟『長崎開港とその発展の道』長崎純心大学博物館 2006
6 ルシオ・デ・ソーザ、岡美穂子『大航海時代の日本人奴隷』中央公論新社 2021

タオルミーナの円形劇場
イタリアのシチリア島にある円形劇場。紀元前3世紀、ギリシャ人によって建築され、ローマ人によって改築された。崖の上に建てられており、三方を丘に囲まれ、海に面した風景は長崎に似ている。歴史的に見れば、16世紀以降、長い年月のうちにさまざまな悲劇や喜劇が演じられてきた長崎は、まさしく円形劇場に例えることができるだろう。（ウィキペディアより引用）

6　出島

仏教徒の町

長崎奉行が小身の旗本である長谷川佐兵衛や長谷川権六であった1620年代前半、日本中で厳しいキリシタン弾圧は始まっていたが、長崎だけは特区であった。逮捕された宣教師は処刑されず、大村や長崎の牢屋に止め置かれていた。ポルトガル商人や日本人はキリシタンであっても見逃されていた。それは数万人ものキリシタンがいまだに住んでいるという特殊性のためであった。そして、その詳細を将軍は知らずにいた（知らせようとしなかった）が、ある事件（平山常陳事件）を契機に発覚し、いよいよ長崎でも大量処刑が行われるようになった。1622年の「大殉教」はその先駆けである（P210〜211）。

大村の鈴田牢に押し込められていたカルロ・スピノラ、セバスチャン木村らの宣教師は長崎の西坂で火あぶりになり、彼らをかくまった宿主は首を落とされた。長崎住民への締め付けが厳しくなると、当時の長崎奉行・長谷川権六は辞職を願うようになった。厳しすぎる弾圧を行うことに耐えられなかったのであろう。権六の願いは1626年にかなえられた。

長崎における本格的な弾圧は次の長崎奉行・水野守信（1626〜1628年）、さらに次の

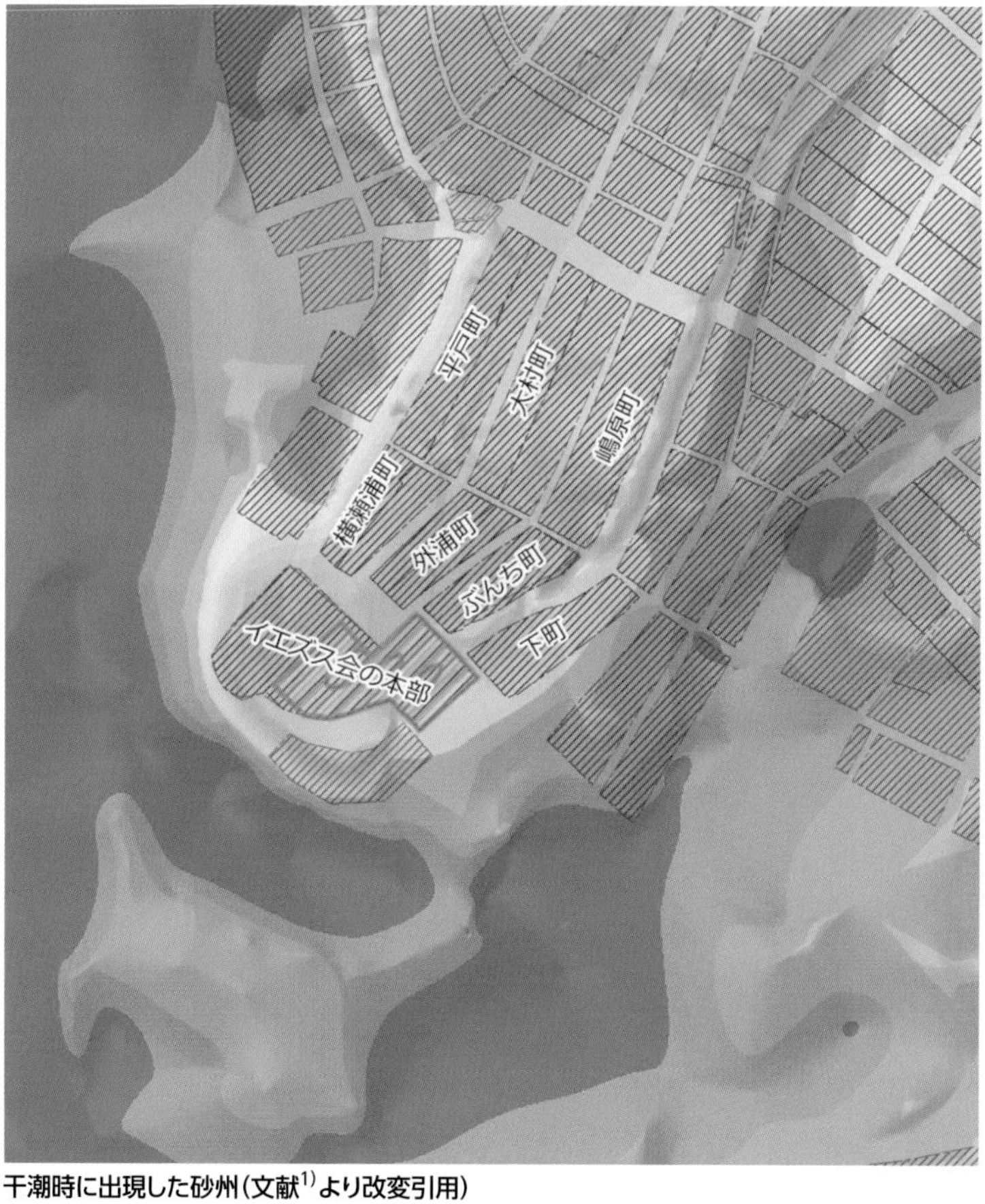

干潮時に出現した砂州（文献[1]より改変引用）
のちに出島が作られた場所は、アマロ氏によれば、干潮時は砂州が出現していたという。そうであれば、出島の築造は比較的容易な作業であっただろう。1年半という短期間で完成したこと、当初は出島を築島と呼んでいたこと、あるいはその形状が扇型をしていたことの理由が判然とする。

竹中重義（1629～1633年）で絶頂を迎える。水野は3千500石の上級旗本（のちに5千石）であり、やがて初代宗門奉行の井上政重らとともに大目付のひとりに抜擢される能吏である。一方、竹中は豊後府内2万石の外様大名で、初めて大名から選ばれた長崎奉行であった。水野はすでに棄教していた町年寄の高木家および代官の末次平蔵を手先に、長崎の町役人（町年寄や乙名）に圧力をかけ切り崩しにかかった。ついで住民の人別帳を作成し、踏み絵を用いて仏教への転宗を迫った。最後まで抵抗した町年寄・町田宗加は江戸へ召喚され、ひそかに処分されたという。竹中は長崎奉行に就任すると、早々に雲仙地獄や穴吊りなど苛烈な拷問を行い、前任の水野が作成した人別帳を活用して、宣教師をかくまった宿主に対する処刑を徹底した。水野・竹中によって、長崎のキリシタンはほぼ全員が棄教させられたと考えられている。こうして長崎はキリシタンの町から仏教徒の町へと急速に変身した。のちの島原・天草の乱に際しても、長崎の住民はピクリとも動かなかった。

出島

1632年に秀忠が死去し、家光の独裁が始まった。今や残された問題は、宗教より貿易であった。日本人と同居しているポルトガル人の処理も必要であった。一方、長崎の商人たちは、何とかして貿易の継続を願っていた。これらの問題解決のために考え出されたのが出島（築島）の建設である。出島は1634年から1636年にかけて、1年半という短期間で築造された。そして、長崎に分散して住んでいたポルトガル人は、出島に集合させられ、ポルトガル人の妻や混血児も同所に住むことになった。

長崎惣町絵図は江戸時代の長崎市街を測量して作成したもので、きわめて精度が高い。その地図の出島対岸には、人工的に削り取られたような痕跡が認められる。岡林隆敏らは、233ページの地図上で青く囲まれた部分の土の量を計測し、出島と比較したところ、その土砂量はほぼ同一であった。つまり出島は、その対岸の土砂を運んで築造したものであるという。工学部名誉教授の岡林博士に直接うかがったところ、「岬の教会」があった場所は出島築造時にすべて削り取られている。だから、残念だが教会の痕跡は何も残っていないだろうと予言された。

ところで出島の復元作業中に十字紋瓦が出土しているが、その由来は不明である。出島完成後にキリシタン関連の事物が持ち込まれたとは考え難いので、この十字紋瓦は、「岬の教会」に使用されていたものが土砂中にあり、出島築造に際して紛れ込んだものではないだろうか。「岬の教会」は長崎が始まったころの表象である。いつの日か、何らかの遺跡が発掘されることを期待したい。

島原・天草の乱

1637年暮れに島原・天草の乱が勃発、3万7千人が蜂起した。翌年4月にはほぼ全員が殺害され乱は終結した。1639年、出島のポルトガル人は追放され、1641年、平戸オランダ商館からオランダ人を出島へ移した。こうして南蛮貿易は終焉を迎え、同時に長崎のキリシタン時代も終わったのである。

参考文献

1　ベビオ・アマロ：港市長崎におけるキリシタン施設に関する研究。東京大学大学院工学系研究科（博士論文）
2　岡林隆敏ほか：「出島阿蘭陀商館跡」石垣修復・復元のためのGISによる形状の把握と埋め立て土砂採掘地の推定．土木学会論文集 D56:64-77,2010
3　布袋厚『復元！江戸時代の長崎』長崎文献社 2009

長崎惣町絵図（文献[3]より引用改変）
長崎惣町絵図は1765年ごろに作成された長崎の地図で、箇所銀配分の資料として用いられた。そのため土地の区画はきわめて精緻だが、建物に関する情報は少なく、西役所の部分についても、奉行所は描かれていない。「岬の教会」が存在した先端の土地には人工的に削り取られた跡が残っており、その土砂は出島築造に用いたことが考えられる（青線で示す）。

7　終焉

最後の宣教師たち

長崎でほぼ全住民がキリシタンから仏教徒に転宗したとされるのは、水野守信および竹中重義が長崎奉行であった時代（1626〜1633年）である。徹底した探索と迫害が行われたが、それでも数名の宣教師は隠れながら活動していた。果たして当時のヨーロッパ人宣教師は、探索の目を逃れるため、どのような格好をしていたのであろうか。巡察師セバスティアン・ヴィエイラは1619年に長崎から総会長に宛てた手紙で、扮装の3つの方法について報告している。

「第1に、たいていの地方では、神父たちは中流の簡素で清潔な人の姿で歩けば日本人に容易に近づくことができる。第2には世間から隠遁した人、すなわち頭を剃った坊主・禿頭《とくとう》と呼ばれる人の姿である。こうすれば髪の色や外見を隠すことができる。第3はとくに長崎で通用する方法で、多数のポルトガル人とイスパニア人がいるので、長崎ではポルトガル人かイスパニア人の服装をするのが最も安全なやり方である」

この記述から、長崎にいかに多くのスペイン人やポルトガル人が混住していたかをうかが

大メダイ「ピエタ」(日本二十六聖人記念館蔵)
1962年に片淵町で出土した銅製のレリーフ。フィレンツェにあるミケランジェロのピエタ像に基づいてイタリアで鋳造され、キリシタン時代に伝来したものと考えられる。萩原祐佐の踏絵の基となった(P241の写真を参照)。

うことができる。しかし、やがてさらに厳しい捜査が始まる。

長崎では、すべての住民はいずれかの寺への所属が義務化され（檀家制度）、信徒や宣教師の告発に報奨金が出され、ひとりが罪を得れば両隣の住民までが処罰され（連座制）、キリシタンを宿泊させた宿主は仏教徒であっても許されなかったが、それでも幾人かの宣教師は生き残っていた。幕府の考えた最終手段はマイナンバー制度である。すなわち住人には、寺社が発行した護符を着物のよく目につく場所に付けるよう命令が出された。この方法が最後の一手であった。さすがの宣教師たちも長崎を離れざるを得なかった。最後まで日本に残っていた宣教師は日本人神父が多く、しかも主に東北地方で行動していた。

1639年、日本中を隠れながら活動を続けてきた3人のイエズス会神父がいずれも東北地方で捕縛され江戸へ送られた。外国人のポルロ神父、有馬出身のマルチノ式見神父、そしてエルサレムとパレスチナを訪れた最初の日本人として有名なペドロ・カスイ岐部神父である。3人は穴吊りの拷問を受け、ポルロと式見は棄教、岐部神父は絶命した。これによって日本に潜伏していたイエズス会神父はほぼ一掃されたのである。この件は、1639年、ルビノ巡察師がマカオからイエズス会総長に送った書簡に書かれている(2)。それによると、彼らは自分たちを匿《かくま》うような者が日本にはすでにいないのを知り、江戸の統治者の前に出頭し、パードレであることを告白した。彼らは直ちに拷問にかけられ、岐部神父は絶命し、他のふたりは「信仰を捨てる」と大声で叫んだという。その後、ルビノ神父自身は1642年、仲間を二手に分けて日本潜入をこころみたが捕縛され殉教している。仲間の神父には、遠藤周作『沈黙』のモデルとなったジュゼッペ・キアラ（小説ではセバスチャン・ロドリゴ）がいた。

ところで外国の宣教師は言葉やアクセントが違っているため必然として寡黙であり、活動は夜に限られた。そのため日本人司祭の存在はきわめて大事であった。だが日本人を司祭とするかどうかは、イエズス会内部でも賛否が分かれており、最初の日本人司祭は１６０１年になって初めて誕生した（セバスチャン・木村神父）。あまりに遅すぎたのかも知れない。

南蛮時代の終焉

１６３６年に出島が完成すると、日本人と雑居していたポルトガル人は、混血児を含めて出島へ収容された。翌年暮れに島原の乱が勃発し、幕府軍は反乱軍とポルトガルとの結びつきを恐れ、平戸のオランダに救援を求めた。緒戦で幕府側につまずきがあり、江戸からは松平信綱が出陣した。幕府は長崎住民の蜂起を恐れたが、そのような動きは皆無であった。しかしポルトガルに対し、宣教師を介した反乱軍からの働きかけがあったようで、反乱終結後の１６３９年、幕府はポルトガルを出島から追放し以後の来航を禁止した。こうして、およそ70年のあいだ継続した「長崎の時代」は終わった。最後にその後のことについて少しだけ補足しておきたい。

萩原祐佐の踏み絵

既述したように、長崎のキリシタンは1630年までにほぼ転宗を終えた。それとともに、取り締まりは、キリスト教徒を摘発する時代から仏教徒であることを認証する時代へと推移した。それを如実に示している政策が踏み絵である。

踏み絵は、1629年からキリシタン見極めのために用いられたという。最初は紙の画像を踏ませたが、すぐ破損するため、没収したメダイ（メダル）を板に埋め込んだ板踏絵が用いられるようになった。最初の写真（P235）にあるようなメダイが伝来していたのである。しかしキリシタンがいなくなると、長崎では正月に住民を集めて行なう年中行事となり、鋳物師に作らせた真鍮踏絵を用いるようになった。住民は真鍮踏絵が奉行所の注文で作られたことを知っており、たとえキリシタンであってもこれを踏む苦痛はあまり感じなかったであろう。

1669年、長崎奉行は古川町に住む鋳物師の萩原祐佐に20枚の真鍮踏絵を発注した。現在そのうちの19枚が東京国立博物館に収蔵されている。最後の写真（P241）はその1枚だが、摩耗が少なく、原形をとどめている。すでに絵踏みが形骸化していたことの証左ではないだろうか。ちなみに萩原祐佐を主人公にした小説が『青銅のキリスト』であり、作者の長與善郎は初代衛生局長であった大村出身の長與專斎の5男である。こうして1571年にはじまった長崎の南蛮時代はおよそ70年間で終焉を迎えたのであった。

遠藤周作『沈黙』

日本のこのような状況にもかかわらず、ヨーロッパには、日本潜入を準備している神父たちがいた。遠藤周作の小説『沈黙』は、この時代の長崎に潜入した宣教師の苦悩が描かれている。島原の乱に際して幕府は、大目付の井上政重を監察として派遣したが、１６４０年にはキリシタン対策として宗門奉行を設置し、井上を初代奉行に任じている。井上は江戸小日向《こびなた》にキリシタンを収容するための屋敷（切支丹屋敷）を持ち、現在の長崎歴史文化博物館のあたりにも屋敷を持っていたらしい。そして転ばせた宣教師からキリスト教に関する情報を収集していたとされている。『沈黙』の主人公のモデルは、イノウエからそうした情報源として利用されていたイタリア人ジュゼッペ・キアラという司祭である。『沈黙』は小説なので、多くは創作であるとしても、そこには少なからざる歴史的事実が描かれている。

こうして長崎に居住する宣教師は皆無となり、住民たちもほとんどは転宗した。だがその一部は、表面上は転宗しても、心の底ではキリスト教を信じるものもいたに違いない。だが為政者としては、それ以上の追求は必要なかった。『沈黙』における宗門奉行イノウエは、棄教した主人公に向かって、次のように告げる。

「五島や生月にはいまだに切支丹の門徒衆と称する百姓どもがあまた残っておる。しかし奉行所ではもう捕える気もない」

「あれはもはや根が断たれておる（中略）。根が断たれれば茎も葉も腐るが道理。それが証拠には、五島や生月の百姓たちがひそかに奉じておるデウスは切支丹のデウスと次第に似ても似つかぬものになっておる」

遠藤周作は、潜伏したキリシタンの信仰が次第に神道や仏教と混淆し、日本古来の先祖崇拝とも混じり合って、全く別の信仰へと変容することを述べているのである。

２０１８年７月に「長崎と天草地方の潜伏キリシタン関連遺産」は、潜伏キリシタンによる遺産群が独自の文化伝統であることを評価され、世界文化遺産に登録された。これを機会に、長崎の歴史がさらに深く広く知られることを、心より願うものである。

参考文献

1 H．チースリク『キリシタン人物の研究』吉川弘文館 1963
2 イエズス会と日本1『大航海時代叢書（第二期）6』岩波書店 1981
3 長與善郎『青銅の基督』改造社 1923
4 遠藤周作『沈黙』新潮社 1966

踏み絵（東京国立博物館所蔵）
1669年、長崎の鋳物師である萩原祐佐が長崎奉行からの依頼で作成した真鍮製の踏み絵。九州の諸藩からの貸し出しの要請に応じるため、20枚を作製したという。当時は長崎奉行所が所蔵したが、今は東京国立博物館に19枚が収蔵されている。当初キリシタン摘発のために行われた絵踏みは、やがて長崎の年中行事のひとつとなっていくのである。

おわりに

I

私の本職は医師である。だが2019年からの2年間は、長崎大学附属図書館長として、本に埋もれる日々をすごしていた。当時は旧県庁跡地（江戸町）の発掘調査が行われていた。そこは長崎がキリシタンの町として興隆した最初の場所ということで、長崎市民・県民の注目を集めていた。西洋式医学講義が初めて行われた場所でもある。私のなかで、古い長崎への関心がふつふつと高まってきた。図書館にある南蛮屏風の本を虫眼鏡で観察したのもこのころである。南蛮屏風は、写真がなかった時代の視覚資料とでも言うべきものと私は思った。

ポルトガル船が来航した1571年から関係を絶った1639年まで、約70年間の長崎には、他のどの時代、どの都市にも見られない、「長崎の時代」とも呼べる、独自の歴史・文化があった。日本は信長・秀吉・家康の時代であり、ヨーロッパは大航海・宗教改革・後期ルネサンスの時代である。貿易とキリスト教がセットとなって渡来し、長崎は独楽《こま》のように振り回されながら、繁栄のなかで時代の覇者と向き合い、存続のために戦った。殉教という苦しみがある一方、ローマ教皇に使節を送り、世界の檜舞台に登った。処女地である長崎には、天国があり地獄があった。歴史に記録されるべき無二の時代だったのである。

Ⅱ

私は歴史家ではない。未知の領域へ踏み込むには、先行者から学ぶに如《し》くはない。まずは光源寺に越中哲也氏をたずね、毎週の講話会に参加した。会はコロナ禍でしばしば中断したが、氏の博識と故郷への愛着からは多くを学ばせていただいた。長崎弁で話される越中氏の、標準語で書かれた著書はどれも素晴らしい。先生は２０２１年9月に逝去された。

同じころ『バテレンの世紀』（新潮社２０１７）の著者である渡辺京二氏と熊本のご自宅で面談した。長崎を『逝きし世の面影』（平凡社２００５）のような視点で書いて欲しいと言うと、「書庫に未読の本が２００冊あるから、それで次の本を書く」と言われた。氏は歴史家というより思索家であった。惜しくも２０２２年末に亡くなった。

ポルトガル人の長崎研究者ベビオ＝ヴィエイラ・アマロ氏からの影響は計り知れない。長崎に住んだことのない氏が、16～17世紀の長崎について書いた論文には、過去の書物には見られない論点がある。工学系の知識や多言語に通じているという特殊性から産まれる歴史である。アマロ氏が長崎に住んで、その研究がさらに深化することを心から願っている。

２０２１年、私は長崎新聞の紙面で、４５０年前の長崎について、１年間13回にわたり連載した。本書はその内容を大幅に膨らませたものである。連載では、長崎の識者にインタビューを行い、各々の専門領域について示唆に富んだ話をうかがった。深甚なる感謝を申し上げる。

第一回　田上富久氏　長崎市長
第二回　木村直樹氏　長崎大学教授
第三回　高見三明氏　カトリック長崎大司教
第四回　ブライアン・バークガフニ氏　長崎総合科学大学教授
第五回　越中哲也氏　郷土史家
第六回　ベビオ・アマロ氏　ポルトガル人研究者
第七回　原口茂樹氏　長崎大学非常勤講師
第八回　宮崎貴夫氏　前長崎県考古学会副会長
第九回　布袋厚氏　自然史研究家
第十回　原田博二氏　元長崎市立博物館館長
第十一回　ルシオ・デ・ソウザ、岡美穂子夫妻　長崎の歴史研究家
第十二回　赤瀬浩氏　長崎市長崎学研究所所長
第十三回　本馬貞夫氏　長崎県長崎学アドヴァイザー

（職業はインタビュー当時のもの）

専門家によれば、江戸時代の長崎はくり返す大火により、それ以前の文字資料の大半が失われたという。だが「長崎の時代」に限れば、他にない資料が残されている。ひとつは長崎に住んだ異国の商人や宣教師による手紙や報告書で、それらはヨーロッパに保存された。もうひとつは南蛮屏風である。これらの文字資料と視覚資料とは、この時代の長崎を語るための得難い貴重な記録である。本書においては、これらを大いに活用させていただいた。

医学者である私には、歴史書の奇妙な点が気になる。土地や人物の名前が一定していないことである。たとえば、古い長崎に「ぶんち町」があった。最初に造られた六つの町の一つだが、資料により「分知町」「文知町」「文治町」などと書かれている。

この件に関して長崎学の泰山北斗・古賀十二郎先生は、次のような言葉を残している。「ブンチマチを漢字にて何と書くかと尋ねられたら、誰でも閉口する事であろう」（『長崎開港史』藤木博英社1957）。そして古い地図に「ぶんち町」とひらがなで書かれていることを指摘している。分明か否か、可知か不可知かということであろう。科学者としての正しい態度であり、矜持であると思う。

さらに言えば、長崎代官「村山トウアン」の名は「東安」「東庵」「等庵」「等安」「当安」とさまざまである。彼自身が多様に名のったのかも知れない。だがアルバレス・タラドゥリース氏は、イエズス会の文書に「村山当安安当仁与 Murayama Toan Antonio」と書いた署名を発見している（P194〜195参照）。他に特別な理由がなければ、彼の名前は「村山当安」と記されるべきであろう。あるいは「村山トウアン」だろうか。些末なことかもしれないが、門外漢からの素朴な疑問である。

Ⅳ

本書の主人公は「長崎」である。
人は脇役として、
蜿蜒長蛇と連なる歴史の河を行き過ぎる。
歴史は、人に記録された時間だけの生を得る。
時間は、人を失わせ、文字を消す。
歴史は言い伝えに置き換わり、
やがて朧《おぼろ》となる。

Ⅴ

私は絵描きではない。だが本書を執筆するあいだ、目をつむると現れる風景があった。長崎を目指すポルトガル船、それと長崎の港から見えるポルトガル船である。その空想の中の長崎を、表紙と裏表紙のために描いた（各章扉絵も）。人物や犬などは、南蛮屏風からの借景である。

VI

本書は妻と４人の子供たちに捧げたい。彼ら彼女らがなければ本書もまたなかった。秘書の末次依都美さん（私からは平蔵さんと呼ばれている）、長崎文献社の堀憲昭氏には執筆・編集作業でたいへんお世話になった。ここに記して御礼を申し上げる。

令和６（２０２４）年2月6日

増崎　英明

筆者経歴

増﨑 英明（ますざき・ひであき）

著者略歴（2024年1月26日現在）
1952年生まれ
現職　佐世保市総合医療センター理事長・院長
長崎大学名誉教授
学歴・職歴
1977年　長崎大学医学部卒業
1999年　ロンドン大学留学
2006年　長崎大学医学部産婦人科教授
2014年　長崎大学病院病院長、長崎大学理事
2019年　長崎大学附属図書館長、長崎大学名誉教授
2021年　佐世保市総合医療センター理事長・院長
現在に至る

著書（共著を含む）
1.Fetal Morph Functional Diagnosis. Editor, Springer 2021
2.『MRIと超音波動画による胎児診断』南江堂2021
3.『今と昔の長崎に遊ぶ』九州大学出版会2021
4.『長崎の岬II』長崎文献社2020
5.『胎児のはなし』ミシマ社2019
6.『密室1&2』木星舎2012&2016
7.『動画で学べる産科超音波 1~3』メディカ出版2014,2015,2016
8.『裁判例から学ぶ インフォームド・コンセント』民事法研究会2015
その他多数

長崎の遠い記憶

発行日	初　版 2024年3月30日
著者	増﨑 英明
発行人	片山 仁志
編集人	堀 憲昭
発行所	株式会社 長崎文献社 〒850-0057 長崎市大黒町3−1 長崎交通産業ビル5階 TEL. 095-823-5247　FAX. 095-823-5252 ホームページ https://www.e-bunken.com
印刷所	オムロプリント株式会社

本書をお読みになった
ご意見・ご感想を
お寄せください。

ISBN978-4-88851-404-0 C0021